西斯蒙第人本主义经济伦理思想与我国企业伦理构建

李故新 著

中国纺织出版社

内容简介

本书主要围绕西斯蒙第人本主义经济伦理思想与我国企业伦理构建进行深入探讨。内容包括：西斯蒙第概述（西斯蒙第所处的时代背景及其生平，西斯蒙第思想的特殊性），科学主义和人本主义，西斯蒙第人本主义经济伦理思想的理论基础与主要内容，西斯蒙第人本主义经济伦理思想评价（西斯蒙第人本主义经济伦理思想的历史局限性、现实意义），西斯蒙第人本主义经济伦理思想对我国企业伦理构建的启示。本书的适用人群为企业管理人员，经济学、伦理性研究方向的教师、学生，也可供相关研究人员参考。

图书在版编目（CIP）数据

西斯蒙第人本主义经济伦理思想与我国企业伦理构建/李故新著. -- 北京：中国纺织出版社，2019.1
ISBN 978-7-5180-4277-7

Ⅰ.①西… Ⅱ.①李… Ⅲ.①西斯蒙第（Simondi de Sismonde J. C. L. 1773-1842）—人本主义—经济伦理学—思想评论 Ⅳ.①F095.654.1

中国版本图书馆 CIP 数据核字（2017）第 272804 号

责任编辑：武洋洋　　责任印制：储志伟

中国纺织出版社出版发行
地址：北京市朝阳区百子湾东里 A407 号楼　邮政编码：100124
销售电话：010-67004422　传真：010-87155801
http：//www.c-textilep.com
E-mail：faxing@ e-textilep.com
中国纺织出版社天猫旗舰店
官方微博 http：//www.weibo.com/2119887771
北京虎彩文化传播有限公司印制　各地新华书店经销
2019 年 1 月第 1 版第 1 次印刷
开本：710×1000　1/16　印张：10.375
字数：189 千字　定价：56.00 元

前言

西斯蒙第（1773—1842）是法国著名的政治经济学家和历史学家，西方小资产阶级政治经济学的创始人，法国古典政治经济学的完成者。他原籍意大利，生于瑞士，后移居法国，在法国读过一段时间大学后中途退学，并在里昂一家银行做过职员。法国大革命后重返瑞士，随后又移居英国、意大利等国。1800 年再度回到瑞士，开始著书立说，成名作为 1819 年发表的《政治经济学新原理》（《论财富同人口的关系》）。他开创了经济学浪漫主义的先河，被称为世界经济浪漫主义的奠基人。西斯蒙第所处的时代正值资本主义大工业生产在欧洲地区开始发展时期。但是，由于他极力维护社会小生产者的利益，从小生产者的角度出发对资本主义进行深刻批判，揭露资本主义所存在的各种矛盾，因而，西斯蒙第的经济思想没有得到当时新兴资产阶级的认可，致使他的经济思想长期处在主流经济思想之外。然而，西斯蒙第开创了经济学人本主义的传统，因而被称为经济学家中第一位认为人比物更重要的人。他在成名作《政治经济学新原理》中重点阐述了财富与人口的关系，即财富生产与人们生活享受的关系，也即生产与消费之间的关系。他从小生产者的立场出发，着重批评了英国古典政治经济学以财富生产为研究对象的固有研究模式，对于西方古典经济学中一直以来忽视人的物质生活享受，而盲目追求财富的生产理论给予了强烈批判。

在西斯蒙第的论著中，十分强调消费先于生产、生产服从消费的观念，反对李嘉图为生产而生产的思想。此外，西斯蒙第还进一步指出，资本主义生产过剩危机的必然性，可以说，这是历史上首次提出这一观点。从历史功绩来看，他的经济学理论在一定程度上推动了世界经济学的发展，但他的某些理论还有一些眼界上的局限性，如他对于中世纪行会手工业和宗法式农业改革的建议并没能超越小生产者的局限，从而导致他形成了小资产阶级经济浪漫主义的思想风格。

本书是笔者所主持的教育部人文社会科学研究一般项目“西斯蒙第人

本主义经济伦理思想与我国企业伦理构建研究”（14YJA720003）的研究成果，作者历时三年多潜心项目研究，才使得本书得以成型。作者主要立足于西斯蒙第的人本主义经济伦理思想，结合我国当前企业发展中的伦理构建实践展开分析研究，深入挖掘西斯蒙第人本主义经济伦理思想的主要内容，分析西斯蒙第人本主义经济伦理思想的精神实质，揭示西斯蒙第人本主义经济伦理思想对我国企业伦理构建的启示，以期对我国企业伦理的发展提供一些研究成果和指导。

本书共分为五章，其中第一章是对西斯蒙第所做的概述，主要介绍西斯蒙第所处的时代背景和生平，阐述西斯蒙第思想的特殊性。第二章介绍科学主义和人本主义，揭示科学主义和人本主义思想的区别，从而使读者更好地认识人本主义思想的本质。第三章着重讲解西斯蒙第人本主义经济伦理思想的理论基础与主要内容，揭示西斯蒙第人本主义经济伦理思想的精神内核。第四章是对西斯蒙第人本主义经济伦理思想所做的评价，一分为二地科学分析西斯蒙第人本主义经济伦理思想的理论特点。第五章重点研究西斯蒙第人本主义经济伦理思想对我国企业伦理构建的启示，揭示西斯蒙第人本主义经济伦理思想的现实价值。

本书算是国内外研究西斯蒙第经济伦理思想少有的作品之一。但因笔者水平有限，也因国内外对西斯蒙第经济伦理思想研究的成果较少，没有很多参考文献，虽经作者多次修改，但书中仍难免疏漏之处，希望同行专家、学者和广大读者予以批评指正。

与此同时，在撰写本书的过程中，笔者得到了许多专家学者的帮助和指导，参考了大量的相关学术文献，在此特表示诚挚的谢意。

李故新

2018 年 4 月于湖南长沙

目　录

第一章　西斯蒙第概述

西斯蒙第属于西方古典政治经济学的非主流学派。他早年追随亚当·斯密，并不断传播亚当·斯密的经济思想，是斯密的忠实信徒。1803 年出版《论商业财富》时，他便在其中宣传斯密的学说。但法国大革命后，小生产者的破产分化和英国的经济危机使他成为英国古典政治经济学的激烈反对者，走到了亚当·斯密、大卫·李嘉图等西方古典政治经济学主流学派的对立面。通过对西斯蒙第所处的时代背景及其生平和西斯蒙第思想的特殊性（研究立场的特殊性、研究方法的特殊性、理论的特殊性）的分析，有助于深刻了解西斯蒙第经济伦理思想的产生背景和精神实质。

第一节　西斯蒙第所处的时代背景及其生平

西斯蒙第处在欧洲机器大工业生产飞速发展，而当时的法国又相对比较落后的一个特殊历史时期，特殊的时代背景孕育着新的思想理论的产生，西斯蒙第就是在这样一个背景下开启他的经济思想研究。

一、西斯蒙第经济思想产生的时代背景

西斯蒙第和李嘉图是同一个时期的历史人物，李嘉图完成了英国古典政治经济学，西斯蒙第完成了法国古典政治经济学，但西斯蒙第的法国古典政治经济学理论和李嘉图的英国古典政治经济学理论是根本对立的。

西斯蒙第是在批判李嘉图的英国古典政治经济学理论的背景下，完成了他的法国古典政治经济学理论。西斯蒙第的古典政治经济学理论和李嘉图的古典政治经济学理论之所以有分歧和对立，是由于他们生活的地域经济发展情况完全不同，当时的英国和法国有着不同的经济发展状况。

英国的农奴制（又称封建领主制）于 14 世纪被消灭了。15 世纪，独立小农经济在英国占据着主导地位。18 世纪 50 年代，独立小农经济又被资本主义租地农场的大农业所取代。与此同时，随着英国工场手工业的发

展，城市的小手工业者也受到负面影响。一直到18世纪下半期，由于产业革命更进一步的发展，使得手工业面临着坍塌的现象。由资产阶级、工人阶级和地主阶级三个阶级组成的小生产，在英国基本上被消灭了。

西斯蒙第生长在瑞士的法语民族地区，这个地区的政治经济状况和法国是密切联系在一起的。18世纪的法国，封建专制制度还占统治地位，农民占总人口的80%，是一个以农民占主导地位的封建农业国家（工商业中资本主义工场手工业虽然有一些发展，但是很多是由国家创办的带有浓厚的封建色彩并且占较小比重，城市工商业中小生产占较大比重并发挥巨大的作用）。1789的资产阶级革命摧毁了封建的生产关系，为资本主义的发展开辟了广阔的道路，产业革命便迅速地开展起来，产业革命的发展带动了社会生产力的提高。与此同时，众多的城乡小生产者也随着产业革命的发展摆脱了封建奴役之后，又被迫落入了资产阶级新的奴役和压迫之下，使得众多的城市和乡村的小生产者又面临着破产、贫困境地的问题。

18世纪的瑞士，资本主义工业虽然有所发展，但大部分是工业与农业结合在一起的小型的分散的工场手工业。在法国革命的影响下，于18世纪末瑞士也发生了资产阶级革命，19世纪初开始了产业革命。但是，这时的瑞士依然是小商品生产比较发达的国家，资本主义的发展不仅摧毁了封建主义的经济基础，也瓦解和排挤了小商品生产，使他们处于风雨飘摇和不断破产的境地。他们觉察到在大工业的发展过程中，将会很快地完全失去作为资产阶级社会中的一个独立部分的地位，幻想保存和恢复小生产者的独立的地位。所以，在这样的历史条件下，必然会出现反映小资产阶级的利益和愿望的思想家。西斯蒙第的经济学说就是小资产阶级这种幻想在理论上的体现。

二、西斯蒙第生平事迹

让·沙·列奥纳尔·西蒙·德·西斯蒙第（1773—1842）是著名经济学家、历史学家。西斯蒙第原籍意大利，1773年出生于瑞士日内瓦一个新教牧师家庭，后来因为瑞士发生革命，全家移居法国。

西斯蒙第的祖辈都是贵族，一直到他的父亲这一代，家族开始衰落。西斯蒙第在保守的宗法式的环境中度过了童年，在巴黎上过一段时间的大学，后来因为家中贫困无法支付其学费而被迫辍学。辍学后就开始了挣钱养家的生活，他在里昂的一家银行找到了一个工作，职位是一名小职员。后来又因为里昂发生了一些革命，所以西斯蒙第就放弃了他的工作，回到了他的家乡日内瓦。刚回到家乡没有多长时间，革命在他的家乡也发生了。因为西斯蒙第和他的父亲在日常生活中和一些有权有势的人有一些紧密的联系，所以他和他的父亲在发生在他家乡的这次革命中受到了牵连，西斯蒙第和他的父亲被捕入狱。西斯蒙第和父亲从监狱出来之后，全家搬迁到英国。在英国居住期间，他学习了英语，考察了工业。1794 年他又回到日内瓦，没有多久，受到日内瓦产业革命的影响被迫搬到意大利居住。于是他买了一个面积比较小的农场并自己开始经营起来。在经营农场的同时，他也开始了自己的经济理论研究。他一边经营农场一边研究理论，在意大利这样的生活过了五年。直到 1800 年，西斯蒙第才回到他的家乡日内瓦。从此以后，西斯蒙第一直在他的故乡生活，直到逝世。这期间他一直专注于他的经济学研究——法国古典政治经济学理论。

西斯蒙第的前半生因受到欧洲工业革命发展的影响而不断地到处奔波，后半生一直潜心于他的经济学研究——法国古典政治经济学理论。他抨击奴隶贸易，积极为赞助自由主义运动的拿破仑辩护。在“百日政变”期间还曾受到拿破仑的接见。在学术上，他一生勤于著述，受到同一时期著名的古典政治经济学家如李嘉图等的高度赞扬，其政治经济学理论对后世经济学的研究也具有深远影响。

第二节　西斯蒙第思想的特殊性

西斯蒙第的经济思想发展经历了两个时期。第一个时期，他是英国古典学派经济自由主义的信徒。在 1803 年出版的《论商业财富》一书中，他介绍和阐述了斯密的代表著作《国富论》的基本观点。第二个时期，他却成了西方古典政治经济学和自由主义的批判者。

西斯蒙第是最后一个完善法国资产阶级古典政治经济学理论的经济学家。他继承并发展了法国的古典政治经济学，后来又成法国古典学派的终结者。西斯蒙第同时也是第一个开始提出小资产阶级经济浪漫主义的经济学家，他提出了“生产的经济理念和价值论是由消费决定的”，对重点强调“资本主义遇到的危机和对立方面的问题是没有办法避免的”这个观点，这一切暗示着政治经济学对其自身要有敢于怀疑的态度，开资产阶级经济浪漫主义之先河。所以说，西斯蒙第在政治经济学发展史上是一个比较特殊的人物。

与同一年代的其他资产阶级经济学家相比，西斯蒙第是一位特殊的经济学家。西斯蒙第特殊的地方主要表现在三个方面，分别是特殊的研究立场、特殊的研究方法、特殊的理论等。接下来就围绕着这三个特殊性展开详细的论述。

一、特殊的研究立场

之所以说西斯蒙第的研究立场是特殊的，是因为在政治经济学思想上，西斯蒙第与同时代的其他任何一位经济学家的立场都不一样，这就使得西斯蒙第成为经济思想上一位特殊的经济学家。西斯蒙第虽然与李嘉图、马尔萨斯和萨伊等著名的经济学家都是同一个时期的人物，但是由于他与其他任何一位经济学家不管在社会、阶级条件，还是研究方法上都有或多或少的差别，这就使得西斯蒙第在政治经济学道路上另辟蹊径。

西斯蒙第是一名经济学家，研究的内容就是经济学理论，在刚开始入手的时候，斯密的学说是他所推崇的。他在1803年就采用斯密的观点作为其理论依据出版了他的第一部巨作《论商业财富》，他在《论商业财富》中把《国民财富的性质和原因的研究》（斯密的代表作）的基本观点做出了详细地解释。随着他对经济学的不断研究，接触到越来越多的经济学家，在后期就有了很多自己的想法，其中，他的《政治经济学新原理》中变为了斯密和李嘉图为代表的古典政治经济学的发难者。

不管西斯蒙第是支持英国古典经济学的观点还是反对英国古典经济学的观点，西斯蒙第对经济学的研究都是站在小资产阶级立场上来展开的。西斯蒙第在撰写《论商业财富》的过程中，欧洲到处充满了资产阶级革命，于是关于反抗达官权贵领主制度的革命就爆发了，由于受到这一因素的影响，西斯蒙第便站在小资产阶级的角度，在书中把古典经济学的经济自由主义给大大的宣扬了，同时也与达官贵族领主制度的经济势不两立。当产业变革的革命遍及西欧，小生产者面临着灭绝时，正是西斯蒙第的《政治经济学新原理》写作之时。西斯蒙第站在小资产阶级和小生产者的立场，批判资本主义生产的发展给小资产阶级和小生产者带来了痛苦和灾难，呼吁回到小生产的状态去。这就使他的经济学说和经济主张与当时的主流经济学派完全不同，成为列宁所说的经济浪漫主义的开创者。

二、特殊的研究方法

说西斯蒙第政治思想研究方法是特殊的，是因为他关于经济思想理论的论述是从强调政治经济学的研究方法开始展开的。西斯蒙第的代表作是《政治经济学新原理》，关于政治经济学的研究方法和研究对象，他在这部代表作中展开了详细的论述。

斯密经济思想的研究的理论观点是西斯蒙第的经济学研究方法主要运用的观点。他的论述体系的基本原则是按照抽象法来总体演绎建立的。他在《政治经济学新原理》第一次出版的序言中写道："我有时由于更清楚地说明了亚当·斯密的体系、对他的学说完全不添枝加叶而感到自慰。"[①]"亚当·斯密认为政治经济学是一门实验的科学；他始终竭力根据社会状况中的每一桩事实来进行研究。他永远不忽略与事实具有联系的各种客观情况，他永远不忽视足以影响国民幸福的各种结果。"[②] 西斯蒙第以此来阐述斯密政治经济学的研究方法是"陷入了抽象，这就使我们把人忘记了，而财富正是属于人而且为人所享受的。他们的科学过于空洞，甚至可以说脱离一切实际。"[③] 这是他从方法上对亚当·斯密的批判。

西斯蒙第非常自信地以为除了他之外，没有人能够全面掌握斯密方法的核心，也就是"实验的方法"。又因为他对斯密方法是非常认可的，并且认为斯密的方法是需要传承下去的，凡是对亚当·斯密的学说所做的任何修订和改正都是正确的，而且也是非常有必要的。这是西斯蒙第根据他个人的学术研究经历对斯密政治经济学研究方法做的概括和总结。

西斯蒙第不仅在经济学方面有着伟大的成就，还在历史方面有着辉煌的一面。整个历史的视角从他的历史著作都可以看得到，他的基本论证逻辑就是"个人的历史就是人类的历史"，从这个观点中体现的历史逻辑主要是从自然经济到商品经济的过渡。西斯蒙第在历史方面的眼光是非常独特和敏锐的。例如，对世界有重大影响的经济危机刚刚发生，西斯蒙第就用其敏锐的眼光看到了资本主义制度下存在着很多对矛盾体，如商品与货币之间本身就是一对矛盾体，生产者与消费者本身也是一对矛盾体，使用价值与交换价值之间本身是一对矛盾体，买方与卖方之间也是一对矛盾体，资本家与雇佣劳动者之间也是一对矛盾体。并且他指出，随着生产力的发展，这些矛盾体也会跟着不断的发展变化。他认为，资本主义社会生产力和财富的无限发展与劳动群众只能获得最低限度的生活必需品之间的矛盾才是最根本的矛盾。因此，他认为，随着资本主义社会这个根本矛盾的发展，必然会导致资本主义社会生产过剩的经济危机。虽然他对资本主义经济危机做了错误的解释，但是他及时提出了"政府干预"的拯救经济危机的方法。直到 1929 ~ 1933 年发生了席卷整个西方世界的毁灭性大危机之后，人们终于真正认识到经济危机爆发的根源。

---

① 西斯蒙第. 政治经济学新原理［M］. 北京：商务印书馆，1997，15.
② 西斯蒙第. 政治经济学新原理［M］. 北京：商务印书馆，1997，47.
③ 西斯蒙第. 政治经济学新原理［M］. 北京：商务印书馆，1997，47—48.

三、特殊的思想理论

西斯蒙第的政治经济学理论超越了同时代古典政治经济学说，显示出了与众不同的思想主张，而且对后世经济学家也产生了深远影响。

（一）从目的入手展开并统领全篇

西斯蒙第的政治学是在为全人类共同利益服务的崇高原则指导下进行的，具有超阶级的空想性。他把政治经济学的目的建立在政治学的目的之上，政治经济学就不可避免地同样具有超阶级的空想性质。

西斯蒙第指出，为全社会的人们谋求幸福是政治学的目的。这种政治学目的需要找到一种手段，从而使人类能够得到他们所认为的幸福；同时，它也要尽量地找到一种方法，从而可以让越来越多的人知道这种幸福的方法。从这一目的出发，西斯蒙第用其敏锐的眼光看到了生产财富和分配财富，分配财富对生产财富有一定的制约作用和决定作用，并且对其作出了重要强调。他更加详细地指出，站在政府的角度来看，人们的物质福利就是其所说的政治经济学的对象，并在后来的关于政治经济学的对象的论述中证实了他的一些基本思想。

西斯蒙第在他的代表作《政治经济学新原理》中把政治经济学的对象放在开头部分，做出了详细的论述，对于“人们的物质财富和政府的事业联系在一起”，在这本书中也有详细的论述。

（二）对古典政治经济学说的突破

西斯蒙第理论的特殊，还体现在对古典政治经济学说的突破。西斯蒙第认为政治经济学的真正对象是人而不是财富，这是他与古典政治经济学说不同的地方。

从这个角度看待问题，西斯蒙第认为政治经济学不能只是简简单单的作为一个工具，来考察财富生产，而应该是一门科学，用来研究人民的物质福利。他指出，财富仅仅只是一种手段，是为了让人们获得物质幸福的，满足自身的物质和精神生活的需要就是人类进行财富生产的最终目的。所以，财富和人口并不是衡量国家繁荣的绝对标准，也就是说一个国家的财富增加的多并不表示这个国家是繁荣的，一个国家的人口增加的多也不表示这个国家是繁荣的。只有财富和人口的比值才是衡量一个国家繁荣的标准，也就是说只有人均财富值增加了才可以说明其国家的繁荣程度是真正提高了。西斯蒙第认为，英国古典政治经济学的本质性的错误就是把手段和目的放错位置了。[①] 而李嘉图错得更离谱，“他根本不考虑人的问题，他只说这门科学的目的就是无限制地增加财富。”[②] 同时，他认为政治经济学不能只考虑少数人致富的问题，更要关注社会大多数成员的福利问题。西斯蒙第指出：“在某个国家里，如果广大人民群众经常感到匮乏，生活极不稳定，意志被挫折，精神被斫丧，人格被贬低，即使上层阶级获得至高无上的人类幸福，充分发挥一切才能，享有一切公民权利，极尽人间的乐事，这个国家仍然是一个被奴役的国家。”[③] 他认为斯密的学说也是不合理的，他认为斯密的学说的意思就是使富人更加富裕，贫穷人更加贫穷，达到了两极化。没有把穷人和富人致富的手段分别开来，富人有的时候通过利用增加一些新产品来出售的方法来获得财富，有的时候却是把原本属于穷人的大部分财富收入囊中的方法来获得财富；有的人可以在自由竞争中获得财富，而有的人却不可以。尽管对于市场经济的发展来说，斯密的学说发挥了很大的作用，对社会生产力的快速发展起到了促进作用，但是同时也给处在社会底层的劳动人民中带来了深重的灾难，所以西斯蒙第也对此学说提出了批评。

（三）从小生产者角度对资本主义生产关系进行批判

面对资本主义机器大工业生产给社会小生产者和普通劳动者带来的巨大影响，西斯蒙第始终站在小资产阶级立场来维护小生产者的利益。西斯蒙第的代表作《政治经济学新原理》的第二篇“论财富的形成和发展”是全书基本观点的论证，也是全书演绎的依据和出发点。

资本主义在社会组织中具有一大特色，那就是资本家可以对劳动者的劳动成果进行再生产，并且不用管劳动者的任何命令。还可以通过劳动而产生这样一种模式：当年的劳动成果供当年消费。西斯蒙第指出，工人由于没有什么特殊的技能，除了人人都具有的体力劳动可以获得一些劳动报酬之外，额外收入是一点也没有的，所以他们依靠出卖体力劳动而获得劳动报酬的这样的工作一定要接受别人的委托，而且要完全听从雇主的要求，雇主让劳动者做什么，劳动者就要按照雇主的命令做事。由于他们对生活资料的需求远远超过资本家对劳动力的需求，导致他们在签订劳动合同时处于极其不利的地位。由于工人为了在社会上生存不得不出卖劳动力，资本家为了获得最高的利益，工人的劳动报酬就会被资本家尽可能地

① 西斯蒙第. 政治经济学新原理［M］. 北京：商务印书馆，1997，460.
② 西斯蒙第. 政治经济学新原理［M］. 北京：商务印书馆，1997，470.
③ 西斯蒙第. 政治经济学新原理［M］. 北京：商务印书馆，1997，457.

压低，以至于到了不可以再压榨的程度。例如，由于劳动者的分工使得生产力不断地提高，给资本家带来很大的利益，这份利益是劳动者的功劳，而资本家却独自霸占着这份利益。

西斯蒙第认为，一个国家只有让自己本国的财富收入不断增加，并且这个财富增加的前提条件是不完全靠榨取底层劳动人民的劳动成果来谋求利益，只有多方位发展，才能真正地实现国家的富裕。人口不断地增加，随之而来的问题是：工人更加依赖资本家，底层的劳苦人民更加贫穷。这样的工业使从事生产的人遭受最悲惨的穷困，使支配这种生产的人的资本家才可能获得正常的利润，所以说这样的工业是一种灾难。

四、西斯蒙第经济思想对当前中国经济社会发展的启示

西斯蒙第经济思想的特殊性对中国特色社会主义现代化建设也具有一定的借鉴作用。在我国经济社会发展过程中应该坚持经济学研究的主体性原则，重视不同社会阶层劳动者的利益，促进社会和谐，让全体人民过上幸福美好的生活。

（一）坚持经济学研究的主体性

自从中华人民共和国成立以后，关于我国对经济学理论的研究，不是简简单单地把可以代表苏联政治经济学模式的那些教材借来使用，而是把可以代表西方资产阶级利益的西方经济学移植过来。由于在当时特定的经济背景和经济条件下才产生了这些经济理论，所以说这些经济学理论对于我国目前的状况不一定适用。

由于我国现在正在处于中国特色社会主义经济建设中，所以一定要根据中国目前的情形来合理运用这些经济学理论，对这些经济学理论要有敢于怀疑的精神。关于我国的经济学研究，坚持的主体原则是一定要注意两点，一点是一定要根据中国现在的情形来对中国特殊经济矛盾展开具体的研究，另一点是中国一定要从底层贫困的劳动人民的利益出发来研究中国劳动者发展的道路。自从十一届三中全会实行改革开放以来，我们坚持走中国特色社会主义发展道路，把中国坚持经济学研究的这个主体明确了，这就是提出了一定的要求，那就是在改革开放和现代化建设的实践中，始终把握中国特色社会主义的基本国情，坚持经济学研究的中国特色。

（二）兼顾社会不同阶层的利益

在任何国家开展工业化道路的进程中，小农和小生产者的命运和前途

实质是一个很重要的问题。因此，不管是在工业化道路进程中，还是现代化道路进程中，都要兼顾不同阶层的利益。

在当时的法国，其国情是资本主义工业化，西斯蒙第研究法国经济学理论的时候，就站在了小生产者的角度，虽然说工业发展确实给国家带来了财富，与此同时也带来了不少的问题。这对后来的选择工业来研究其经济学理论的一些国家起到了一个提醒的作用。

（三）社会主义和谐社会是必然产物

我国经济总量达到一定程度后，必然会要求社会分配公平合理，促进社会和谐，建设社会主义和谐社会。西斯蒙第认为，政治经济学的真正对象不是财富而是人。经济发展不仅仅是让少数人发家致富的，更要让社会上大多数穷苦的人摆脱贫困的处境。西斯蒙第的这一经济伦理思想具有重要的历史意义，并将产生深远的影响。

在西斯蒙第发表的《政治经济学新原理》30 多年以后，英国著名经济学家约翰·穆勒就在其经济学代表作《政治经济学原理》一书中指出："只有在落后国家，增加生产仍是一项重要目标。在最先进的国家，经济上所需要的是更好地分配财产，如果人民大众从人口或任何其他东西的增长中得不到丝毫好处的话，则这种增长也就没有什么重要意义。"① 约翰·穆勒甚至呼吁："总产量达到一定水平后，立法者和慈善家就无须再那么关心绝对产量的增加与否，此时最为重要的事情是，分享总产量的人数相对来说应该有所增加"。②

随着改革开放的不断发展，我国的经济总量增长得非常快，国力水平增强得也非常明显。社会财富增长的时候，关于社会财富怎样分配这个问题被推向了高峰，社会财富怎样分配这个问题成了对社会经济发展有重要影响的重要问题中的一个。中央明确提出，根据我国的战略机遇期和矛盾，建设社会主义和谐社会是我党在新形势下做出的重大战略部署，而保障社会分配公平合理是实现社会和谐的必由之路。所以，西斯蒙第的经济伦理思想对于构建社会主义和谐社会具有非常强的针对性和现实意义。

历史上的经济学家的思想并没有随经济学家的去世而成为过去。在处理我国经济发展问题时，对古今中外经济建设的经验和理论既不能照搬照

① 约翰·穆勒. 政治经济学原理及其在社会哲学上的若干应用（下卷）［M］. 北京：商务印书馆，1991，320.

② 约翰·穆勒. 政治经济学原理及其在社会哲学上的若干应用（下卷）［M］. 商务印书馆，1991，324.

抄，也不可全盘否定，而应该立足于中国国情，采取“扬弃”的方法做到剔除其糟粕，吸取其精华，这样才能很好地找到适合本国国情的解决方案，从而实现我国经济社会又好又快地发展。

第二章　科学主义和人本主义

西斯蒙第经济伦理思想中的人本主义特征深受西方人本主义哲学思想的影响。人本主义思想的产生和发展一直和科学主义交织进行。自古希腊时期开始，理性主义便影响着一代又一代的西方学者，在经历了近千年的发展潮流后，西方理性主义同近代欧洲科学文化知识发生了激烈碰撞，在其基础上形成了科学主义。科学主义是哲学概念上的一种信仰和观念，其对科学真理具有绝对坚持的信念，站在价值观的角度，科学主义坚定“科学万能”。人本主义是近现代才逐渐发展成熟起来的一种基于经济学领域构架起来的哲学概念。关于人本主义，马克思曾经有过这样的表述，世间所存在的每一种经济关系，在人与物关系的表征下，实质上是人与人之间所建立的联系。为更深入认识、分析西斯蒙第人本主义经济伦理思想的实质，有必要对科学主义和人本主义这一对立的范畴进行深度了解，包括科学主义和人本主义的含义、特征、产生及发展。

第一节　科学主义的含义与特征

任何哲学问题在开始进行争论之前，应该对一些基本的哲学概念做出明确且清晰的定义。科学主义最早出现于古希腊，随着历史的发展进入中国，并与中国本土的传统文化慢慢融合，逐渐呈现出新的、具有中国特色的景象。

一、科学主义的含义

“科学主义”一词最早是从英文单词“Scientism”中翻译得到的。随着时代的发展，不同的哲学流派拥护不同的观念，对于“科学主义”而言，其本质虽然是站在科学的角度出发的一种信念，但是在立场不同的学者眼中，科学主义呈现出多种多样的表现形式。根据现有的资料对“科学主义”存在的各种定义进行归纳，将较为典型的一部分列于下。

（1）1877 年，“科学主义”首次出现在大众视野，给“科学主义”最早的定义是科学家在研究其专业领域内的问题时，所呈现出的态度，所具备的精神，所使用的方法等。

（2）在《韦伯斯特百科词典》中，也曾对“科学主义”的含义进行归纳，其原文如下：

SCIENTISM，The belief that the assumptions，methods of research，etc.，of physical and biological sciences are equally appropriate and essential to all other disciplines，including the humanities and the social sciences.

译文

科学主义指一种信念，认为物理科学与生物科学的假设、研究方法等对于包括人文与社会科学在内的所有其他学科同样适用并且必不可少。

（3）英国的学者汤姆·索雷对于“科学主义”有过这样的表述，他认为科学主义可以被定义为一种信念，在人类拥有的有关自然科学的知识范畴内，科学具有的权威性和严谨性，使得科学主义具有很高的含金量，而科学的快速发展对于人类本身的进步也是具有非常多的益处。

（4）冯·莱特曾出版过这样一本书——《知识之树》，在书中，冯·莱特对科学主义曾经有过这样的表述，他认为科学在人类的发展史中起着至关重要的作用。科技的快速发展使得人类的生活习惯发生翻天覆地的变化，对于这一切的改变，都需要科技为之负起责任。科技最主要的作用是帮助人类更好地适应这个世界，并且强化人类的理性思考的能力，最终帮助人类同地球一起成为命运共同体。

（5）1944 年，韦莫斯出版了一本围绕“科学主义”展开论述的学术著作，在书中，韦莫斯将“科学主义”定义为一种只有科学家才能理解的信仰，在现代科学发展的基础上，科学家们为了更好地将现代的科学知识运用到实际生活中，从而具备的一种科学信仰。

（6）《牛津英语辞典》在定义“科学主义”时，言辞间稍带贬斥的意味，辞典表述道：科技在某种角度来看是“万能”的，甚至于理科在某方面的研究，如物理，是可以取代哲学有关人类行为和社科等领域的研究。

（7）美国的学者 A. 郝布斯在定义“科学主义”时，并没有对其进行单独研究，而是同时联系了正在发展中的科学技术和较为现实的社会问题。郝布斯对“科学主义”极为推崇，他坚信，通过科学，人类可以得到对这个世界所有疑问的解答，科学是人类研究中绝对的第一位，科学主义的出现使得哲学、道德、宗教、行为习惯等现实问题都可以利用科学的方式解决。

（8）尼古拉斯·布宁和余纪元编著的《西方哲学英汉对照辞典》：

"科学主义：指一种认为科学是唯一的知识，科学方法论是获取知识的唯一正确方法的观点。每一件事都应当用科学理论来理解和解释，其他研究领域，包括哲学、艺术、历史、宗教、道德和社会科学，要么被同化为科学，要么就作为知识的来源而被排除在外。科学主义否认这些领域具有独特的方法论，并且在许多形式中拒斥美学知识、道德知识和宗教知识的存在。那些坚持认为存在一个自主的人文知识领域，科学方法论也不适用于这些领域的哲学家反对科学主义并经常贬义地使用这一术语。""科学主义实际上是一种特殊形式的理想主义，因为它把宇宙和关于它所说及的托付给一种类型的人类知识。"

（9）我国学者王淼洋在对近现代的西方思潮进行仔细研究和分析后，提出了自己关于"科学主义"的看法。王淼洋认为科学主义的本质是哲学意义上对科学的无限崇拜，对科学主义坚信不疑的人们将"科学"捧高至救世主的位置，他们认为这个世界上没有科学不能解决的问题，甚至于人类精神层面的问题，如价值观、世界观等，都可以通过科学的方式得到解决。科学主义将自然科学范畴内的所有知识和研究方法进行无限放大，在科学主义认知中，科学就是唯一的、绝对性的真理存在。

（10）哈耶克（英国伟大的经济学家和政治哲学家）在其著作《科学的反革命》中指出，出于对科学的崇拜，"科学主义"发展至今已经开始"变味"了，现在所聊的"科学主义"不再是秉承专业的精神去探索这个世界的客观规律，人们反而积极模仿前人所使用的科学方法和科学语言，就像具有强大的奴性一般。

（11）美国学者欧文将"科学主义"看作一种文化现象，同哈耶克一样，他也认为崇拜"科学主义"的人已将"科学"的地位提升至人类不可企及的高度，在宗教信仰方面，"科学主义"甚至可以完全代替人类所具有的情感。

（12）普特南对"科学主义"本质的认识较为清晰，他曾在自己的著作《理性、真理与历史》中做出如下表述：哲学家们对科学毫无界限的崇拜，来源于科学的"催眠"作用，他们甚至认为，除了科学之外，世间不再存在可供人类学习的知识，也毫无任何理性而言。

从上述有关"科学主义"的言论可以看出，"科学主义"在漫长的历史长河中经历了内在含义和哲学立场的演变过程。在不同的时间、不同的学者眼中，看待"科学主义"的本质是不一样的，从开始的含义界定，到价值描述，人类开始逐渐正视"科学主义"的本质，并对"科学主义"产生的盲目崇拜进行细致的分析和批判。结合我国的具体国情来分析，我国的文化具有同西方国家完全不同的历史背景，我国的哲学研究专家，大多数还是站在客观的立场看待“科学主义”，给予其含义中所包括的过度崇拜以贬斥。

二、科学主义的特征

（一）认识论的基础主义

就科学主义而言，其特征应从三个方面具体探讨，即认识论的基础主义，方法论的普适主义，价值论的扩张主义。

认识论的基础主义是围绕人类对现实世界客观理性的认识所展开的具体论述。人类经过数千年的探索，通过发现、总结，获得一系列由自然世界中固有或变化的规律所得的知识，在此基础上，更好地去认识世界、发现世界。最早提出认识论基础主义概念的是来自美国的一位著名哲学家罗蒂（图2-1），在其早期的理论中，认识论的基础主义具有绝对真理的含义。在后世对认识论的分析理解中，笛卡尔以认识论为基础，对当时具有的科学知识和研究方法所具有的特征进行归纳，发现与罗蒂的所提出的基础主义是完全一致的。笛卡尔在罗蒂基础主义的理论之上，进一步研究，我国著名学者江天骥对其发表的理论进行了总结，大致可以归纳为以下五点。

图2-1　理查德·罗蒂

（1）只有科学是唯一的真理。科学是永恒的，是客观的，与科学相反的伦理、神学、美学，在以科学为基础的认识论上，都是要被排除在外的。

（2）科学知识的主体之间相互连接，其关联的基础在于科学知识的清晰性，即知识的阿基米德点。

（3）自然科学之所以是客观实在的正确表象，是由于科学方法的运用。它成了一切知识的标准和范例。

（4）当一切知识都成为科学知识之日，就是一切人生问题（包括伦理道德问题）都得到解决之时。

（5）科学是文化中最有价值的一部分。

上述所言的基础主义直接影响了18世纪和19世纪的实证主义和逻辑实证主义。科学主义形成于实证主义，但是到了逻辑实证主义又达到了西方科学主义的极致状态。在逻辑实证主义那里，这种基础主义表现得尤为突出。中科院孟建伟教授在《逻辑实证主义的科学观及其缺陷》一文中把逻辑实证主义显著的特征归结为两个：一是实证主义，二是科学主义。他认为逻辑实证主义的实证主义特征主要体现在其根本原则，即“经验证实原则”之中。这个原则规定：知识必须依据经验。任何命题只有表述为经验并能够被经验所证实或证伪才有意义，否则就没有意义。用石里克的话来说，“作为合理的、不可辩驳的‘实证论’的哲学方向的内核，……就是每个命题的意义完全依存于给予的证实，是以给予的证实来决定的。”从这个原则出发的逻辑实证主义者强调科学知识存在着一个唯一确定的、可靠的基础。这是一种基础主义的科学结构理论。同时，逻辑实证主义也把归纳法看作是科学的唯一可靠的方法，并且在“真的经验命题”的积累、扩大或归并的过程中，科学获得了进步。而逻辑实证主义科学主义特征则十分突出地强调科学的独特性和重要性——强调真正的科学知识只有自然科学一种，不存在其他种类的科学。同时也把科学视为一种独特的文化，它与其他文化之间存在着一条截然分明的界线，从而企图构建“科学的哲学”，拒斥形而上学。他们不仅完全用逻辑的、实证的观点来审视科学，也完全用逻辑的、实证的观点来审视整个文化。

复旦大学陈其荣教授把这个纲领中科学主义的哲学观和科学观归纳为五个基本点，这是对卡尔纳普关于科学主义五个信念概括的深入。

（1）科学是统一的。即认为科学是一个统一的系统，在这个系统之内并无原则上不同的对象领域；所有的科学都可以使用统一的语言和统一的方法，这就是物理学的语言以及在物理学中得以典型体现的自然科学方法。

（2）科学是无界限的，即认为科学知识是无限的，原则上不存在科学所回答不了的问题，没有科学所永远不可解释的领域。

（3）科学已在预测、说明和控制方面取得巨大成功。

（4）科学方法赋予科学活动以客观性，即认为唯有科学方法最能保证科学认知成果的客观性。

（5）科学是有益于人类的，即认为唯有科学最能造福于人类，科学的发展对人类的影响总是积极的、有益的，通过科学及其发展能够保证人类社会的进步。

由此，陈其荣教授把科学主义的本质概括为："认定真正的科学知识只有一种，即自然科学；自然科学知识是人类知识的典范，能够推广用于解决人类面临的各种问题；只有自然科学的方法才能富有成效地用来获取知识，将它引入包括哲学、人文学科和社会科学在内的一切研究领域，才能摒弃它们的非科学形态。①"这个归纳实际上就是以认识论的基础主义为根基，通过科学方法的普遍运用，来实现科学的价值扩张。此后，尽管科学主义在不同的背景、不同的国度、不同的境遇中经历了不同的变化。但是，作为其理论支撑的认识论的基础主义却始终没有改变。它一直是科学方法万能及其价值的"无限扩张"的信念支柱。

（二）方法论的普适主义

17世纪兴起的经典力学所树立的近代自然科学的知识范型包含着可以普适运用的一套态度与方法：自然对象的客体化、客体对象的被动化、匀质化、单元化、可数量换算性、可重复的规律性及可预见性等。近代科学卓有成效的应验性，特别是经由技术应用所造成的资本主义物质文明，使上述科学态度和方法从自然渗透到社会从而产生社会科学。随后逐渐扩展为支配现代社会的至尊强势的人生价值观。这种价值观在社会诸多领域都显示了权威的意义，这就是科学主义。科学主义认为，只有经过经验证实和逻辑推理确证的知识才是科学知识，因此，一切真正的研究都要运用科学的方法，也只有科学方法才是掌握世界的唯一有效的方法。并且，科学规范、科学思维模式和科学方法等可以无条件地渗透于社会、人文乃至一切领域：这里，科学的方法指的恰恰就是牛顿以来的实证、实验、严谨的推理、归纳逻辑分析、数据统计、概率统计等科学方法。尤其是在逻辑实证主义那里，科学方法的功效被无限夸大，被无条件地应用于所有学科，乃至主张通过科学方法解决一切社会问题和人生问题，从而将科学万

① 李丽．科学主义在中国［M］．北京：人民出版社，2012：27.

能论推向极致。

牛顿以来的实证、实验、严谨的推理、归纳、逻辑分析、数据统计、概率统计等科学方法可以简单地归结为实验方法和逻辑的方法。那么，为什么实验和逻辑的方法在这里受到了如此倚重甚至把它们极端化？究其原因还是在于实验和逻辑的方法对科学的重要性以及它们本身所具有的客观性特质。

钱兆华教授认为，实验和逻辑的方法对科学之所以重要，是由科学本身的性质决定的。尽管从不同角度对科学的构成可以作不同的划分，但文艺复兴以来诞生的近代科学大致可以分为四个部分：

（1）科学事实或对人类自然现象的发现；

（2）对科学事实的试探性解释或对自然现象背后原因的猜测；

（3）以这些解释或猜测为前提、为基础推演出的有关定律、公式、结论或预言等；

（4）对这些定律、公式、结论或预言等进行检验，并且进一步指出，科学的这四个组成部分是相互联系、相互制约、相互依存的，它们共同构成了一个不可分割的有机整体。

然而，科学方法的普适性信念的最关键的基础却是来自于它们的客观性特质。当然，这种客观性与科学追求确定性的理想相关。科学方法通过对大量的科学事实进行合乎逻辑的推理，进而对相关推理进行经验检验。这一过程中无疑是在很大程度上排除了主观因素。而且，实验的方法与普通的观察方法存在着诸多的差异。它是人们基于一定的研究目的，运用一定的物质手段；人为地控制、模拟或创造自然现象，从而获取科学事实的方法。由于运用了中介的观察手段，它便可以克服观察方法的许多局限性。在实验中，科学工作者可以根据实际需要加速、延缓或再现自然过程，甚至创造出自然界中不可能出现的极端状态，诸如在个别领域中应用的超高真空、超低温、超强电磁场、超高压等，从而掌握更多的、在自然状态下不可能出现的自然现象。这样的特点会尽可能地使人们对对象的把握误差减小、臻于真实。另外，以形式化、符号化为特点的数学方法为工具的逻辑推理提供更高的精确性和抽象性，从而使得数学方法具备了普适性的基础。

（三）价值论的扩张主义

科学价值论的扩张主义是科学方法万能论的直接结果和必然推论。“扩张主义在假定能够被使用的科学理论和发现范围内，直接或间接地引用证据来支持关于社会政治的（道德、政治、审美、宗教）价值。这种努力的结果是扩张科学的界限，以便包括价值问题和暗含价值问题。”科学主义相信，科学的价值可以体现在人类社会的一切领域。这样，它就把科学的价值无条件上升，使科学这一价值形式在文化领域不断扩张，因而也就导致科学价值最大限度的扩张。

自文艺复兴以来，科学就被人们奉为神圣的偶像，人们坚信：科学具有普遍的善，是人们认识自然和改造自然、完善自身和改良社会的巨大法宝。社会生活的各个领域和方方面面都将在科学理性的引导与规范下，走向更加文明和进步。科学一定能造福人类，使人类走向美好的未来。对于它自身所必然附带的负面效应，人们相信科学的进步会自动地消除它。18—19世纪科学以其巨大的成就连续引导工业革命，从而引发了一片蒸蒸日上和欣欣向荣的景象，人们就更加对科学价值和功能深信不疑。这种对科学价值的信念在20世纪的中国经历了西方科技强势下的相对弱势后，在国人救亡图存的急切期望中，获得了与西方同样的深刻体会。陈独秀在《新青年》上发表的《什么是新文化运动》一文中指出：“科学有广狭二义：狭义的是指自然科学而言，广义是指社会科学而言。社会科学是拿研究自然科学的方法，用在一切社会人事的学问上。像社会学、伦理学、历史学、法律学、经济学等，凡用自然科学方法来研究、说明的都算是科学，这乃是科学最大的效用。我们中国人向来不认识自然科学以外的学问，也有科学的威权；向来不认识自然科学以外的学问，也要受科学的洗礼，向来不认识西洋除自然科学外没有别种应该输入我们东洋的文化；向来不认识中国底学问有应受科学洗礼的必要。我们要改去从前的错误，不但应该提倡自然科学，并从研究、说明一切学问（国故也包含在内）都应该严守科学方法，才免得昏天黑地乌烟瘴气的妄想、胡说。”他对科学的如此解释和倡导也是在对科学价值的高度体认这个意义上有感而发的。就像前面讨论过的由科学家和科学哲学家组成的维也纳学派在1921年发表的著名宣言《科学的世界观》中所宣告的那样：“我们将会看到，科学世界观的精神将越来越广泛地按照理性的原则渗透到个人和公共的生活方式中去，渗透到教育、陶冶、组织机构以及经济和社会方式中去。”人类对科学价值是满怀着的热切期望和坚定信心的。

第二节　科学主义的产生与发展

从本质上来说，科学是理性活动的一种，将人类典型的理性特征加以集中，然后将其汇总表现。科学主义讲究科学上的“形而上”，因此科学主义更加重视对理性的追求。站在某种角度，哲学也是极具理性的，将两者结合起来可以看出，科学主义与哲学之间有着十分深厚的联系。

一、科学主义的产生

（一）古希腊的理性主义

希腊人首先开始了对自然的思考。泰勒斯提出了“水是万物的始基”这个理性判断。把“始基”上升为一个哲学范畴的概念，强调一种认识论的基础和秩序：水是世界无限多样统一的基础，是构成一切事物的原因与产生一切事物的本原。泰勒斯展示了人类对人类思维的统一性，对事物的普遍性认识的新高度。只不过泰勒斯及其所属的伊奥尼亚学派诸先哲们和爱菲斯学派的赫拉克利特对万物始基的探索在理性和感性之间徘徊，其本原论的哲学追思仍然不可避免地带有些许感性色彩罢了。

与爱菲斯学派不同，在南意大利的毕达哥达拉斯学派则认为数是万物的始基。他们在认识事物的普遍性和人类思维的统一性时，采取了一条由理性走向感性的相反的道路，被视为是古希腊第一个理性主义学派。希腊哲学家把理性作为衡量一切的价值尺度。在某种程度上，理性主义便是希腊文化的核心。但在毕达哥拉斯学派那里，理性主义精神发展的程度却不是很充分，他们在数量的抽象中没有完全剥离感性性质。

苏格拉底的“美德就是知识”也表现了古希腊人对理性的推崇。苏格拉底站在智者的起点上，但却沿着与智者“人是万物的尺度”的感觉主义完全相反的道路，苏格拉底坚持到“心灵世界”中去探求真理，从思维的角度把握人的本性。苏格拉底第一次使哲学面向人生，考虑人生、伦理等问题，所谓“把哲学从天上拉回到人间”。苏格拉底认为，追求知识是一种真正的美德。他把美、有用与求知有机地结合在一起，追求认知标准、伦理标准和美学标准三者的统一，即：真善美的统一。而科学对知识的孜孜以求恰恰体现了这种统一。

苏格拉底所揭开的理性篇章在柏拉图那里得到了纵深发展。他以理念论为基础建立起高度重视数学和演绎法的科学理性观，认真区分了实在与现象、理性与感性、知识与意见、真理与谬误，认为科学就是揭示实在、理性、知识、真理等，而演绎等方法是科学认识真理的方法。因此，科学理性在具体方法上表现为一种逻辑的合理性。在柏拉图哲学体系中，真、善、美与理性合璧成为近千年源远流长的西方理性之源。而完成古希腊哲学理性主义科学建构的却是他的学生亚里士多德。

在亚里士多德那里，古希腊理性主义的发展达到了顶峰。他关心科学知识的本质，发扬了柏拉图的数学理性主义，主张从归纳法所得出的前提而演绎出推论的逻辑推理，才堪称真正的科学。此后，古希腊理性就日渐式微了，虽然后来伊壁鸠鲁和斯多亚学派延续着经验主义和理性主义的对立，但它们的影响却无法与亚里士多德相提并论了。

总之，古希腊的科学理性精神蕴含了演绎推理的科学方法、寻求确定性的思维模式和探求未知的伦理关怀，为近代科学的发展奠定了思想和方法论的基础，也成了在近代科学的价值光芒中衍生出来的科学主义观念的哲学源头。

（二）近代经验论和唯理论中的科学主义倾向

在西方近代哲学和科学思想史上，经验主义和理性主义者与前述文艺复兴时期的人文主义和启蒙运动有着千丝万缕的联系，是启蒙精神在认识论领域中的突出表现。“近代哲学的经验主义传统是被认为与理性主义传统相对立的。但极具讽刺意味的是，主要从经验主义导出的科学主义，却成为今日理性主义的代名词。”[①] 由此可以看出，经验主义与理性主义是有共通之处的。所以，也有人直接把经验主义和理性主义定性为“两种理性主义传统”。

在论及科学主义的哲学渊源时，我们不可避免地想到培根。他是现代实验科学的鼻祖，是西方思想史乃至人类思想史上第一个明确肯定科学价值的人。他主张认识始于经验，但却从哲学上概括了自然科学的成果，创立了归纳法为特征的科学方法论，并努力将归纳法推广应用于社会各个领域，贬低和抵制不适应归纳法的科学，强调新科学的重要性。培根主张，哲学的任务就是揭示存在于自然界的个别物体的特定的运动规律。把细致的、不带偏见的观察和合理的逻辑推理相结合的归纳法认定是科学认识唯一的科学方法。霍布斯、洛克等继承了培根的经验论，继续着崇尚理性的传统，这些都成为近现代科学主义发展的思想动力。

与英国经验主义同时兴起的还有欧洲大陆理性主义，这从另一个方面发展了科学主义。理性主义的最著名代表笛卡尔强烈主张把一切事物“放在理性尺度上校正”，把理性作为改造一切、判断一切的标准和尺度。他指出，人人都天然地具有理性，而且机会均等。但是，当人们不足够成熟以至于还没有能力完全运用自己的理性的时候，接受了种种教育和观念，

① 曾欢. 西方科学主义思潮的历史轨迹——以科学统一为研究视角［M］. 北京：世界知识出版社，2009：49.

形成种种成见，不可避免的谬误和虚幻的观念窒息了理性。只有通过普遍怀疑，人们才可以摆脱一切成见和虚幻的观念，以便运用理性的自然光辉去发现真理，探索自然奥秘，为整个人类知识大厦奠定最可靠的基础。因此，他坚持，除了通过不证自明的理性直觉和必然性的演绎法之外，人类没有任何其他途径来达到确定性的知识。如果我们认可罗蒂“所谓基础主义是指肯定人类知识有其确定的、坚实的、可靠的基础，人们在这一‘基础’之上可以达到对外在世界的真理性和客观性的认识。而这种基础是由一些不证自明、具有终极真理意义的观念或概念构成。”这样的概括的话，那么，笛卡尔认识论无疑具有浓重的基础主义特征。对于笛卡尔的基础主义的内容和特征，江天骥先生已经做过了细致和具体的归纳，我们在本章第一节已有交代，并且把这种认识论的基础主义视为是科学主义本质的一个重要内容。可见，笛卡尔为代表的理性主义的基础主义主张在近代科学主义发展的道路上具有里程碑的意义。

可见，经验主义和理性主义是分别从两个相反的方面引发科学主义诞生的，这两个既有区别又有沟通的思想派别是现代科学主义的两个重要基础。在这两个哲学派别相互斗争又相互交融的过程中，近代欧洲的一些顶级科学家所创获的杰出科学成就也推动了科学主义的发展。自伽利略以来的把实验、数学、经验与理性相结合的自然科学方法，成了对各学科都较有普遍意义的科学方法论体系，对自然科学的发展具有决定性的意义，也为科学主义在哲学领域的形成做了历史的颇有说服力的实证准备。

二、科学主义的发展

（一）科学主义形成的标志

在19世纪初，最初实证主义已经被I. 牛顿和D. 休谟的经验论涉及，法国空想社会主义者H. 圣西门也曾使用“实证主义”一词。

但严格地讲，在19世纪30～40年代，实证主义由法国和英国正式开始使用，并且产生成熟形态。实证主义由法国哲学家、社会学家A. 孔德创建，1830年开始，标志着实证主义的形成，由孔德陆续刊布在《实证哲学教程》其六卷中。实证主义是一种强调感觉经验，排斥形而上学的西方哲学流派。

在科学昌明的时代，实证主义作为一种哲学理论，其影响不仅广泛，而且深远。一般而言，实证主义认为：经验论是认识的出发点，坚持从经验出发，拒绝通过理性把握感觉材料；通过对现象的归纳可以得到科学定律，经验上的实证对科学理论是非常重要的；只有经过经验证实和逻辑推理确证的知识才是科学的知识。更重要的是，把处理哲学和科学的关系作为中心论题，认为只有科学方法才是把握世界的唯一方法，科学和科学方法使哲学带有实证的色彩。这在一定程度上显示了科学至上和科学万能的倾向，致使20世纪以后专家治国论、科技至上的思想具有广泛的影响，尤其在发展中国家，科学技术更是受到了一致的膜拜，成了兴国的法宝。

孔德在实证、实在、精确、确定这样的一个基本的框架中，拒斥一切神学的和形而上学的东西，把人类智慧的最高属性结合在一起，这个范畴成了一个结合纽带，在科学新发现正在肆意地发挥其巨大威力的时候，这个框架抵制一切虚妄和不确定，孔德的实证主义作为一种哲学的意识形态，最开始表现为反对一切神学和形而上学的科学哲学，后来以一种独特的哲学方式反映和归纳了科学所取得的新进展，不仅是认识社会现象的手段，而且也是认识自然现象的手段，其价值功能已经远远超出了科学本身的意涵。

孔德坚信科学具有统一性，确定自然科学的成果和方法可以移植到对社会的研究中。为此，他创立了社会学并对其进行了系统地阐述，以此形成了他的社会实证主义。总之，孔德的实证主义原则是他那个时代科学理性的充分反映，而且他的实证主义原则在自然科学家马赫那里得到了继承。他以实证主义原则为基础，从经验论出发对经典力学做了哲学和逻辑角度的批判，而且对相对论也有了朦胧地预见，也因此对爱因斯坦创立狭义相对论起到了重要的启发和引导作用，推进了科学主义的进程。

（二）科学主义的成熟形态

20世纪30至50年代逻辑实证主义（Logical Positivism）又称逻辑经验主义，是流行于西方的一个哲学流派。H. 费格尔、B. V. 克拉夫特、A. 汉恩、H. 哈恩、F. 韦斯曼、K. 门格尔、E. 齐塞尔、M. 石里克、P. 弗兰克、R. 卡尔纳普、K. 戈德尔、O. 纽拉特等人是当时的代表人物。

他们依照马赫确立的基础，都各自为该学科做出了卓越的贡献，提倡一种新的科学哲学体系，实际上指所有科学的哲学体系。

汉恩、纽拉特和卡尔纳普等人在20年代末期建立了维也纳学派，阐明了这个学派的基本纲领，在“石里克小组”的基础上进行宣传并出版了一本宣言式的小册子《科学的世界观——维也纳学派》，H. 费格尔为概括维也纳学派的基本倾向引入了“逻辑实证主义”这一术语。

第二次世界大战期间，美国成为当时颇有影响的哲学潮流地之一，主要原因是维也纳学派的许多主要代表逃到美国，L. 维特根斯坦的《逻辑哲学论》促进了逻辑实证主义的哲学运动在欧洲的传播，B. 罗素和 A. N. 怀特海《数学原理》的出版，等都对逻辑实证主义的产生有着重要的影响，使逻辑实证主义与美国的自然主义、操作主义、实用主义开始相互交融，此外，以德国哲学家 H. 赖兴巴赫为首的柏林学派，以波兰的 A. 塔尔斯基为首的华沙学派，以及英国的 A. J. 艾耶尔等人的观点和理论，都被列入逻辑实证主义的范围。逻辑实证主义的基本观点可概括为以下几点。

1. 归纳

通过完成哲学的任务，对知识进行逻辑上的分析，最后进行归纳总结。

2. 坚持分析命题和区分传统

维也纳学派和休谟都认为分析命题和综合命题的区分传统，只要是不属于这两类命题的语句都是属于没有科学的形而上学。

其中休谟指出分析命题就是对观念间的关系进行命题的过程，因此仅仅依靠形式逻辑或者是淡出的思维运算来对命题进行判断正确与否是属于一种纯逻辑的正确或者不正确的命题。关于综合命题的事实话题，它的正确与否还是需要依赖经验来确定。

3. 强调经验

认为综合命题是“无意义的”，强调一切综合命题都以经验为基础，但不像实证主义那样，把公认的实验证实作为科学知识的基础。提出可证实性或可检验性和可确认性原则，认为形而上学是错误的，逻辑实证主义反对形而上学。

4. 还原科学

在日常语言或自然语言里不可能建立一个可以判别任何综合命题是否具有经验内容或是否有意义的一般标准，主张努力把一切经验科学还原为物理科学，认为只有在人工语言系统中，才能实现科学的统一；认为人工语言是科学的普遍语言，是一个命题对于一切其他命题的逻辑关系的总和。

在《可检验性与意义》（卡尔纳普）一书中从严到宽提出了人工语言的四种不同形式。

（1）完全的可检验性，一切综合命题必须是完全地可检验的。

（2）完全的可验证性，一切综合命题必定是完全地可验证的。

（3）可检验性，一切综合命题必定是可检验的。

（4）可验证性，一切综合命题必定是可验证的。

这四种形式出现的谓词都要求语言指称是可观察的东西或能够还原为观察谓词。

可见，通过人工语言来确立科学的普遍语言的还原论方式实现了科学方法的普适主义，也可以不夸张地说，逻辑实证主义者恰恰是用现代逻辑分析的方式区分了科学与形而上学，从而实现了科学的价值扩张，是典型的科学主义。而且，他们在坚持实证原则的基础上强化了认识论的基础主义，逻辑实证主义基本上展现了科学主义理论的巅峰状态，达到对形而上学的拒斥作用，实际上是企图用科学来替代形而上学，从而进一步彻底清除形而上学。

（三）科学主义走向衰落的转折点

逻辑实证主义之后，伴随着科学的日益深入的发展，人类对科学的哲学思考也加入了更多的元素。这种拓展导致了历史主义的出现，即科学哲学中包含了比较多的实用主义、非理性主义、相对主义因素，把社会科学引入科学哲学之中。科学主义的历史主义转向是从波普尔的证伪主义开始的。

波普尔从问题出发，经过大胆的猜想提出假说，再经过反驳和批判，提出新的问题。由此推动人类知识的不断增长，推动科学思想的不断发展，推动社会的不断进步。与“经验证实原则”相反，波普尔提出了一个与之相反的“经验证伪原则”。他强烈反对归纳主义，并在归纳主义批判的基础上建立起经验证伪的原则。科学的理论或命题不可能被经验证实，只能被经验证伪。因为从经验中所观察到的事实都是个别陈述或单称命题，而个别是不能通过归纳法上升为一般的，所以，经验不能通过证实个别而证实一般，“理论要得到经验的证实在逻辑上是不可能的”。但是，由于任何个别只要与一般概括不相符，就可以推翻全称命题，所以得出通过证伪个别命题而证伪科学的普遍性理论。另外，波普尔提出：理论是大胆的猜测，是一种在先天期望推动下对自然界做出的普遍性猜测；科学是由理论与观察的不一致所引发的问题，从这个问题开始，科学发展经历了P1（问题）→TT（试探性理论）→EE（排除错误）→P2（新的问题）四段式模式，科学进化遵循了一个从问题开始，又回到问题的逻辑过程。在这个逻辑轨迹中，波普尔提出了“世界”的本体论问题，指出：世界1为物理客体或物理状态的世界；世界2为意识状态或精神状态的世界；世界

3 为思想的客观内容的世界，尤其是科学思想、诗的思想以及艺术作品的世界，并强调世界 1、2、3 之间的密切关联，尤其强调作为“客观知识”的科学知识自身的运动规律。继而，他依据“世界 3”理论深入地批判和论证了历史决定论的错误，在西方科学哲学领域中开辟了一种兼顾科学内部和外部来探求科学发展的新方向。

后来，奎因《从逻辑的观点看》一书的第二部分《经验论的两个教条》中提出了新的见解以替代逻辑实证主义的经验证实原则，主张检验知识意义的应该是科学的整体，检验科学的准则是经验的实用性。这样，奎因就以实用主义的原则取代了经验证实的原则。他质疑逻辑实证主义“拒斥一切形而上学”的口号，努力恢复哲学本体论在科学理论建构与发展中的作用。坚持“本体论的承诺”“择定要容纳最广义的科学的全面概念结构”。这样的信念奠定了后来历史主义转向的基础。

维特根斯坦对日常语言所做的语境分析也显示出了一定程度的历史主义端倪。他主张语词只有结合在一个语句中，才可能有一个确定的意义，并要求人们正确地使用并领会各种语词，以免产生各种词义的误解，从而引起各种形而上学的纠纷。可以说，这样的表述已经偏离了科学主义的基本信念。

以波普尔、奎因和维特根斯坦等人对实证原则批判为基础，兴起了一个重视科学史和科学家实际科学活动的历史主义学派。历史主义学派把社会因素、科学家的心理因素、科学家集团的要求和心理状态等科学以外的因素引入科学哲学中。比如英国科学哲学家图尔敏认为，理论不是经验材料的归纳而是建构，至于如何理解建构，他提出了“图像—推理法”。汉森还提出了“观察负载理论”的观点，指出经验（观察）不是中性的，它受观察者的心理因素和理论框架制约，因而他很重视科学史的研究。

科学主义的历史主义转向更典型地是体现在库恩的“范式”理论中。“范式”是科学发展特定阶段的特殊内在结构。在心理学的意义上是指科学共同体所共有的信念，在理论和方法上是指科学共同体所共有的“模型”或“框架”。在社会学的意义上，“范式”就是共同体。总之，“范式”是某一科学家集团在某一专业或学科中所具有的共同信念，是特定历史阶段上大部分共同体成员共同认可的问题、方向、方法、手段、过程、标准等。“范式”的更迭使科学史的发展经历了前科学时期、常规科学时期、反常和危机时期、科学革命时期四个时期。在对范式的理解基础上，库恩认为科学的进步不仅仅关乎科学本身，还与社会背景以及由这个背景决定的科学家的意识形态和生活方式密切相关。库恩的“范式”理论在一定程度上提示出科学发展的规律，代表了科学哲学历史主义转向的成熟形态。

拉卡托斯的科学“研究纲领”具有严密的内在结构，由两部分组成：中心是“硬核”，周围是“保护带”。硬核就是科学研究纲领的核心部分或本质特征，它决定着研究纲领发展的方向。硬核的周围是保护带，它是由各种辅助性假设组成，是研究纲领可反驳的弹性地带。拉卡托斯发展了库恩思想中的合理成分，克服了库恩的局限，是对库恩范式理论的改造和发展。范式虽然体现了科学的整体性和内在结构，但是缺乏对科学结构的具体构想。拉卡托斯的“研究纲领”对科学内在结构的具体内容做了探讨，并指出“研究纲领”是认识论领域中理性的产物，企图突破库恩“范式”理论的心理主义色彩。

而费耶阿本德则对库恩的“范式”做了发挥和扩展，甚至把库恩思想中的某些相对主义和非理性主义要素发展到极致。他认为，“将科学主义盛行的根源归结为知识分子错误地相信‘科学赋予了获得知识的优越方法’。”他的传统概念不仅包含了科学家集团而且包含了全部的社会团体。当每一个社会团体都是一个独立的传统，遵循着自己明确的原则，有着自己的特殊背景。这样每个思想体系、每种文化、每种意识形态都是一个传统，科学也不例外。他强调科学不能排除非理性，理性与非理性无须划界，展示了强烈的无政府主义特征。用他自己的话说：“只有一条原理，它在一切境况下和人类发展的一切阶段上都可以加以维护。这条原理就是：怎么都行。”

随后，劳丹、夏佩尔和瓦托夫斯基等新历史主义的代表人物不是沿着费耶阿本德的路线继续走向极端，而是对实证主义和费耶阿本德的相对主义、非理性主义进行了批判，似乎走的是一条中间道路。在科学史问题上，劳丹既反对实证主义和科学主义，也反对激进的相对主义和非理性主义。劳丹的科学进步模式以解决问题为中心，把解决问题作为科学的基本目的。他甚至消解了真理问题并认为“进步总是‘相对于某组目的的进步’”。他对于科学进步评判标准的解释类似库恩科学进步的价值标准。

夏佩尔继承了奎因、库恩等人的“整体性”观点，提出“信息域”的核心概念。他坚持认为，方法本身就是来源于科学中获得的知识，方法决定科学的进程，他认为“信息域”形成于人们长期的生活实践，把科学发展的理性问题作为讨论的中心，具有时代性。

继逻辑实证主义之后，“信息域”受制于经济条件、科技水平和人类智力发展水平，而且，经过了维特根斯坦的日常语言哲学，奎因的逻辑实用主义，波普尔的批判理性主义，达到了向历史主义的转向。

而历史主义的出现，有助于历史主义与逻辑主义的融合，对于科学主义思潮的发展来说，成为科学主义由鼎盛向衰落的转折点，它把历史的因素引入对科学理论的逻辑分析的尝试，因此，可以肯定地说，历史主义学派的兴起，是一种反对实证主义和逻辑实证主义那种把哲学变成技术性逻辑分析的似乎是钻进了牛角尖的发展倾向，但是，历史主义却从科学主义的内部动摇了逻辑实证主义的地位。

（四）后现代科学哲学对科学主义的颠覆或消解

在科学哲学内部的历史主义反对逻辑经验主义的背景下产生了后现代科学哲学，后现代科学哲学主要通过对传统科学哲学的批判和反思，是后现代主义思潮在科学哲学领域中的反映，它提倡怀疑性、注重非理性、相对性和无基础性，是反科学实在论反对科学实在论的必然结果。

费耶阿本德无政府主义对各种方法界限的模糊、对非理性主义和相对主义的强调；法恩宣称“实在论已死”的自然本体论态度；罗蒂反对把科学视为“文化之王”和“真理的化身”，反对把科学在人类文化中的地位至高无上化，主张消除科学与人文之间的二元对立；利奥塔通过把科学知识作为语言游戏及其规则的解读方式对现代主义或现代性中科学的霸主地位进行了解构。实际上这几种观点和态度表明了传统的科学哲学已经被消解了。

尽管后现代科学哲学的各个代表人物的观点存在着差异，但是就其后现代性对现代性的解构而言，他们存在着共同的特征。

1. 反对基础主义

首先否定宏大叙事，认为这是科学发展的前提也是科学发展的结果。利奥塔说：“简化到极点，我们可以把对元叙事的怀疑看作‘后现代’。怀疑大概是科学进步的结果，但这种进步也以怀疑为前提。”其次，拒斥形而上学，解构传统本体论。比如罗蒂把形而上学视为与“实在”相联系的关于真理的观念。他坚持后哲学应该与文学、艺术、政治、神学等其他文化形态平等相处、和谐共存。再次，抛弃反映论，否定知识的客观基础。如法恩宣称“认识论之死”，坚持自然本体论的态度，主张“如果我们终止相信真理是那些与实质性事物相适合的理论、解释或图景，那么，我们就能终止基础主义。”正如孟建伟教授概括的那样：“后现代主义者在反基础主义、反本质主义和反表象主义的背后，似乎试图揭示在科学、艺术和政治这类先前被认为是不同的领域之间的类似性，最终在‘新实用主义’或‘后哲学文化’等后现代主义的旗号下，将民主、文学、数学、物理、上帝和任何别的东西都统统关联并融合起来。当然，他们绝对反对用科学的观点去看待其他文化，而主张彻底抛弃认识论的框架，用艺术或政治的眼光来审视科学。于是，在他们那里，客观性和真理变成了纯粹的‘主体间性’或‘协同性’。①”

2. 反对理性主义

后现代科学哲学与一般的后现代哲学一样极力反对理性主义，强调欲望、动机、情感等能调动、激发人的能动性、创造性、积极性的非理性因素的重要作用，否认科学的真理性。反对观念、范畴或结构的绝对性，极力强调“信念”“延异”“游戏”的重要性。把“真理”牢牢地附着在“信念”这一非理性的基石上。比如罗蒂反对把科学等同于“合理性”“客观性”“真理”等概念，也反对把神学、历史学和文学等同于主观性，努力在“真理”和“信念”之间搭建沟通的桥梁。范弗拉森也认为，把风险性较大的真理概念置于信念之上是不符合科学活动本质的。理论的内容是对世界面目的表述，这种表述非真即假，在此，正如在其他场合一样，真理观念的适用性仍然是一切逻辑分析的基础，而当我们考虑一特定理论时，我们会立即面临一个仅仅与其内容相关的哲学问题：世界怎么可能是该理论所表述的那样呢？

3. 反对确定性

在认识论和方法论上，后现代科学哲学都极力反对传统科学哲学的客观性、确定性和绝对性。在认识论上，法恩宣称“实在论已死”，主张坚持以世俗真理观、开放科学观和反本质主义为主要内容的自然本体论态度。在方法论上，提倡多元性和丰富性。在罗蒂的后哲学文化中，“没有任何特别的‘问题’需要解决，没有任何特别的‘方法’可以运用，也没有任何特别的学科标准可以遵循，没有任何集体的自我形象可以作为‘专业’”②。在费耶阿本德的无政府主义认识论视野中称为“怎么都行”。他尤其强调在科学中应当保有“艺术创造的自由”，要利用一切思想和一切方法去揭露科学中所预设的宇宙观和意识形态成分。

可见，后现代科学哲学是对作为现代性体现的科学主义的彻底消解，从根基上颠覆了科学主义。抑或可以说，后现代科学哲学动摇了西方科学哲学的根基。

至此，我们发现，科学主义的发展及其演变过程与整个西方科学哲学

① 李丽. 科学主义在中国［M］. 北京：人民出版社，2012：98.
② 李丽. 科学主义在中国［M］. 北京：人民出版社，2012：99.

的发展过程是一致的。科学哲学的进程折射了科学主义的流变，或者说，科学主义的兴衰恰恰体现了科学哲学的兴衰。在这个意义上，“后现代主义者在颠覆科学主义的同时，实际上也在颠覆整个科学哲学。”

而科学主义整个流变的过程又是以西方科学技术的发展为背景的。大工业的发展推动着世界经济以前所未有的速度迅猛发展，为科学技术的进步提供了强大的物质基础，而科学技术的不断进步，反过来又为经济发展提供了强大的动力支撑。在这样的世界背景下，科学主义成为20世纪西方世界统治性的文化思潮。只不过，在如此波澜壮阔的历史画卷中，它的发展与科学技术同命运，自始至终都是科学技术的发展在人们观念领域中的反映。

三、中国科学主义的产生与发展

在西学东渐的形势下，中国人对科学的认识还处在“器”的层面，在洋务运动时期，当时的知识分子带着强烈“科学救国”的意识传播西方自然科学，通过科学实现图强的愿望无疑彰显了科学的价值，“经世致用”的实用理性传统仅产生了对科学浅表的认识，但也激发了国人对科学的向往。

经历了两次鸦片战争的失败，知识分子为中国在科学技术方面远远不如西方各国感到忧虑，认为八股科举“无裨实用”，于是国人便很快在科学“船坚炮利”的功能方面找到了救国的良药，使中国统治者承认了坚船利炮的厉害。

知识分子大都亲历过洋务派所进行的仿造新式机器，都受到经世致用思想的影响，形成了初步的“科学救国”思想。他们从事洋务教育等各项洋务活动，为西方近代自然科学知识在中国的传播和科学主义观念的产生提供了思想基础和内在动力，选择了“专研格物致知之学”的自然科学研究道路并从中获得了对西方近代自然科学的深切认识。

作为新思想、新价值的倡导者和传播者，知识分子在甲午之后的维新思潮中，深化了对科学的认识，也大量引进了西方包括政治制度学说在内的社会科学知识，并作为科学主义在中国生成契机的救亡图存的文化要求，这是由中国知识分子自身的传统决定的。

把科学看成包括自然科学、社会科学在内的知识体系，中国知识分子“先天下之忧而忧，后天下之乐而乐”的社会承当精神，使寄希望于科学以求图强的观念更加明显。

因此戊戌变法时期的重大进步便是维新思想家在反思洋务运动的基础

上，在传播和接受近代西方科学技术的同时，对科学的理解扩大到社会科学领域，这时知识分子自身所共同认同的传统便对思想价值的选择发生了极大的影响。他们对天下事“事事关心”，甚至可以为救治中国而“舍生取义”。此时，“赛先生”作为包罗社会、自然、人生的科学主义世界观被认同为一种道德真理和人生价值，从而获得了中国知识分子最大的合法性支持。

除了科学以外，这种要求在文化系统中的位置是相对表层也较易满足的，所以，科学主义在中国必定具有特殊的逻辑合理和历史必然，换言之，其他一些西方思想也能不同程度地满足这一要求，但是科学主义在中国一定具有某种合法性和必然性，这对于成就科学在中国的特殊地位仅仅构成了一种必要条件。

或者说，价值的实现是在心性之中，在中国文化的价值系统中，对自然究竟怎么回事是并不需要太认真的，即“尽性既知天”，中国文化不讨论诸如“为自然立法”的问题，也不追求外在的、有形的世界，“六合之外”是尽可以“存而不论”的。

在这个意义上说，中国人接受科学知识时也没有像西方那样由上帝观念而衍生出一整套的精神负担，整个文化系统不会因此而立刻招来崩溃的危险，因而对科学知识的传播和信奉也会导致对传统价值的反省和修正，中国文化对于科学，尤其是其立论根据，其实是一种持“开放”态度的价值系统。

可以说，科学主义就是在西学东渐的过程中孕育并逐步形成的。明清之际，大批西方传教士来到中国进行宗教活动，他们往往把西方的科学，如天文、地理、数学、物理、化学等作为传教手段介绍到了中国，并在遭遇了“礼法之争”的强烈抵制之后，采取了一条入乡随俗的路线。比如明万历年间来华的耶稣会士利玛窦，为了传教的需要，制定了一套“合儒”“补儒”及“超儒”的和平传教政策，从而打开了在中国传教的市场。随之而来的包括西方科学在内的西方文化体系就源源传入，对中国文化结构和思维模式产生了重大的影响。以中国文化重道德伦理和修身养性、轻自然科技等为特征的文化发展理路和格局受到了西方科学知识的冲击，中国人逐渐开始打开了眼界，试图接受西方的新知识、新思想和新领域。一些实学思想家开始努力宣传、翻译、介绍、引进西方的机械、物理、测绘、历算等科学知识，在中西文化的冲突与融合中扩大和丰富了中国文化的内容和内涵，突破了传统的思维模式。

1840 年鸦片战争之后，西学再次席卷而来。此间，西学东渐大致可分为两个阶段。第一阶段为 1840 ~ 1894 年，即从第一次鸦片战争到中日甲午战争前。西方人用各种媒介带来西方的新知识，除宗教外，主要是自然科学和与工业制造有关的应用科学。再加上鸦片战争及英法联军的刺激，促使清政府从1860年开始推行持续了三十多年的洋务运动。洋务运动为了维护封建统治，大力引进和学习西方科学技术，积极兴办近代军事工业和民用工业，并对军事、外交、文化教育和某些政府机构等进行了多方面的改革。洋务运动中清政府在“中体西用”的宗旨下积极兴建新式企业，介绍西方的社会政治结构，积极传播自然科学，兴办学术期刊，翻译出版西学著作，废除科举制度，兴建新式学堂等。可以说，洋务运动是清朝中央和地方一部分当权的官僚在严重的“内忧外患”形势下所采取的“自强”措施。它实际上是把专制封闭的中国社会强行拖入现代化的进程之中。近代企业的兴建，使近代科学在中国传播，并最终导致了一场由小到大的科学运动，同时又动员了科学界以外的社会力量。

从中西方文化交流碰撞、融合的角度讲，洋务运动作为一场科学运动一直都在进行之中，我们发现此间科学和民主在缓慢地渗透到人们心中，所以说洋务运动失败是不确切的。

洋务运动把科学技术当作工具是失败的，但是它为后来的“五四”运动奠定着渐渐累积的基础。

1895年之前，中国人的对西学的引进还是被动的，但是，1895年之后，国人开始摒弃以往以学习西学中的技艺为主的倾向，企图通过制度层面上的改变来到达观念和信仰上对以科学为主的西学的全面接纳，科学必然逐步展开自身的社会功能，中国人对西学的态度开始转变，中国的科学主义思潮就是在中国人西学东渐的过程中由被动到主动的转折阶段里产生的。真正主动地把西学当作一种文化来接受，把它们变成中华文化的一部分。

学界对在中国最先使用“科学”一词的究竟是康有为还是严复颇存争议。樊洪业根据甲午战争后康有为编著《日本书目志》一书第一册卷二“理学门”中《科学入门》《科学之原理》首次出现中文“科学”一词，断定康有为是在中国使用“科学”一词的第一人。而学者汪晖依据台湾学者黄彰健的考证，发现康有为《戊戌奏稿》有后来补作的内容，质疑康有为是最早使用“科学”一词的人，而认为严复才是最先使用“科学”一词的中国人。

无论我们把最先使用指向现代知识谱系的“科学”一词的人归功于康有为和严复中的哪一个，都同样离不开维新运动这一历史背景。所以，这样的分歧对我们理解科学主义在中国形成和演变并无大碍。实际上，在“科学”一词正式使用之前，它是经历了一个由“格致”到“科学”的概念转换的过程。

“格致”本指朱熹所言“格物致知”，即：“物格而后知至，知至而后意诚，意诚而后心正，心正而后身修，身修而后家齐，家齐而后国治，国治而后天下平”。格致的认识过程是修齐治平的前提。在甲午之后的维新思潮中，“格致”一词渐露新意，并且在新的背景下呈现出“科学”的含义。“格致”一词原本更多地指向技艺之术，而“科学”一词中之“学”字则有原理、理论的含义，体现出了现代概念的特征。在西方科学技术书籍的不断介绍和翻译的过程中，人们逐渐认识到西学“格致”中不仅有实用的技术，还存在着高深的学理。当人们把对“科学”概念的理解落脚在“学”上的时候，实际上已经与“格致”“格物”等词存在着明显的界限，具有理论化倾向的“科学”逐渐取代了原来的“格致”便顺理成章了。可以说，这种概念的演变恰恰反映了文化背景的转换和人们思想观念的转型。换言之，“科学”取代“格致”并不是语言幻觉，而是意识形态更替在语言上留下的印迹。

1902 年以后，中国社会文化背景发生了重大转换，中国社会文化背景也真正地发生了指向现代的转换。在西方科学技术引入的冲击下，经历了一系列的演变，承担这一使命的就是“科学”一词，在救亡图存的背景下，除了扩大“格致”的内涵之外就是另选新词来对应西方科学技术，国人对科学的认可实际上是对科学所能带来的价值的认同，因此，中国出现了一个逐渐放弃“格致”而试图改用“科学”的潮流，指向现代知识谱系的“科学”一词正式被使用。

科学作为一种价值体系，科学的观念已经在国人的心里扎下了根，并获得了在中国人心中价值权威的地位是从主要的维新思想家那里体现出来的。

与维新思潮中刚刚形成的科学主义不同，在通过文化批判乃至政治革命而期求救亡图存的急切愿望的驱使下，同时经过了辛亥革命的“五四”新文化运动已经具备了科学主义社会意识形态的特征。

20 世纪 70 年代“文革”结束后，科学主义观念迅速普及，成为一种弥散性的背景思潮。在思想文化界，全国各条战线都在进行拨乱反正，按照汪晖的观点，“新启蒙主义”是由众多各不相同的思想因素构成的。

之后 20 世纪 80 年代的“新启蒙主义”社会思潮中，展开的思想解放运动以关于真理标准的大讨论为起点，各不相同的思想因素都以寻求和建立中国的现代性方案为基本的要务，把批判传统的社会主义和寻求作为目标，让工作的重点转移到“四化”建设上来。

这个现代性方案的主要标志就是在经济、政治、法律、文化等各个领域建立‘自主性’或主体的自由，这些相互歧异又相互关联的思想实践，只是在“改革”过程中才结为同盟，这种“自主性”和主体的自由导致了80年代包括科学主义在内各种思想的激荡和争论。

进入20世纪90年代中后期，国家把实施科教兴国战略看作是保证国民经济持续快速、健康发展的根本措施，是实现社会主义现代化宏伟目标的必然抉择，也是中华民族振兴的必经之路。在这样的背景下，如何理解科学，如何理解科学主义便成了具有重大意义的课题。

在21世纪初，关于科学主义的争论在中国大地上达到了近乎白热化的地步。争论双方围绕着“提倡科学主义”还是“反对科学主义”展开多次交火。由于争论缺乏统一的基础，这场被人戏称为“中国新世纪的科学大战”展示了还要长久地打下去的势头。

在中国大力提倡科学发展观、以科教兴国作为基本国策的今天，发生这样的争论是发人深省的。这样的争论表明，科学的至尊地位已被后现代文化、西方马克思主义、后殖民话语、女性主义、知识权力理论、科学文化建构论、反人类中心主义、生态保护运动等思潮严重侵蚀和消解了。80年前，科学在中国的那种激进上升的势头已严重受阻。人们开始从不同的角度展开对科学主义的批判与反思。到目前为止，对科学主义的批判主要包括四个方面，即理论视角的批判、社会视角的批判、伦理视角的批判和生态视角的批判。理论视角的批判是通过揭露科学主义的理论本身的局限性进行批判的；社会视角的批判主要讨论了科学主义所导致的科学精神的失落，即“赛先生”对社会生活全面的独断态度淹没了“德先生”的价值，而在自由和宽容的丧失中，它也就失落了科学本身，也探讨了科学主义的盛行导致的对人性的压抑；伦理视角的批判主张科学主义以自然法则取消人类的价值判断与道德批判，以必然性取代了人的自由意志，剥夺了人对自身的终极关怀的权利；生态视角的批判主要是通过以技术的应用为中介的科学主义与生态危机的渊源展开的。这些批判体现了当前人们对科学发展的深刻认识，对科学主义的深省沉思。众学者都企图通过对科学主义的反思而寻求更优越的超越途径。这是对科学与人的生存之间关系的全面反思。

源于对科学技术与经济社会发展的深刻反省，中国现如今已经对科学的价值极端化所导致的不良后果有了深刻的体认，以人为本，在人文精神指导下对科学主义进行反思，纠正了曾经的认识偏差，可喜的是，全面、协调、可持续的发展观，试图逐步脱离科学主义的藩篱，这是人文精神鲜明的科学发展观，体现了对科学主义的超越。

科学发展观的提出是对科学主义的认识偏差和社会危害深刻反思的结

晶，体现了人文观念与科学的协合，以全面、协调、可持续的发展观为主要内容就是以对科学主义的批判为重要的思想依据，把科学主义引向一个良性发展的轨道。

科学发展观其本质和核心是坚持以人为本，全面强调外延层面，从人民群众的根本利益出发谋发展、促发展。坚持以人为本的内涵，从唯物史观的角度解释就是以实现人的全面发展为目标，不断满足人民群众日益增长的物质文化需要，不断完善社会主义市场经济体制，加快政治文明、精神文明的建设，切实保障人民群众的经济、政治和文化权益，形成政治文明、精神文明、物质文明、相互促进、共同发展的格局，使发展成果惠及全体人民，统筹区域协调发展、城乡协调发展、经济社会协调发展、国内发展和对外开放。科学发展观就是要在保持经济持续快速协调健康发展的同时，注重要素之间的关系，统筹人与自然和谐发展，把当下和长远结合起来，推动整个社会走上生产发展、生活富裕、生态良好的文明发展道路。

解决中国当前诸多矛盾和问题必须遵循科学发展观，把科学发展观作为构建和谐社会所必须长期坚持的重要指导思想，包含了一代人对当下的建设和未来发展的美好蓝图，是基本原则的价值高度的体现，是反映人们对科学的价值及与人文的关系的清醒的认识和客观的态度。

诚然，超越科学主义的发展观，无疑是令人向往的，如何积极地引导一种良性的、具有超越性的、与当下的目标相适应的新模式就是当务之急。准确地把握科学主义，在“发展”的目标面前，体现蕴涵着深刻的人文关怀。

这里，这样的观念在于如何把科学技术作为第一生产力，并把握好对科学技术的利用尺度至关重要。而问题的关键还是以构建和谐社会为导向并作为指导原则的科学发展观的落实。

第三节　人本主义的含义与特征

作为地球上最高等级的生物，世间上存在的一切社会关系其根本都可以归纳为人类之间的关系，是“人”创造了现今繁华的生活世界，是“人”建立了国家，组成了社会，因为“人”的存在，现在所拥有的东西才具备其应有的意义。因此，为了更好地认识世界，更好地挖掘世界变化的规律，应该牢牢把握人本主义的内在实质，即以人为本，站在“人”的角度看待世界，观察世界的发展，认识世间万物的本质属性。

一、人本主义的含义

在古罗马西塞罗和格利乌斯的著作中，“人本主义”（Humanism）这个词，是从拉丁词语“Humanitas”中衍生而来，其意思是“人性”“人情”“万物之灵”，是指能让人的才能得到最大限度地发展的一种教育制度，用法与希腊文 Paidea 对等。

1. 人本主义思想

人本主义的思想在古希腊时期开始起源，14～17 世纪欧洲文艺复兴运动时期，人本主义的思想是西方一种非常重要的哲学思潮，该思想得到极大地丰富与扩展，在现代欧洲的各种思想交锋中，再一次得到重视，重新焕发了生机。

一些自称或被称为“人本主义”的学者，他们都是以人为中心进行研究与思考，诸如人文主义、人文精神、人道主义等词汇，大多时候都和“人本主义”所表达的内容一致。

然而，究竟什么是人本主义，没有一个统一的定义，因此，人们的人本主义观念彼此之间也有非常大的矛盾，但是有一点却是共通的，那就是他们对世界的看法以及对人的看法有很大的不同。正如英国《简明不列颠百科全书》强调和尊重人的价值、意义、尊严和自由，解释“Humanism”是一种具有重要意义的思想态度，它认为人和人的价值具有重要意义。所以，人文主义就是重视人的自由意志，重视人和上帝的关系，认为人对自然界具有天然优越性的态度。

通常人们认为“主体哲学”就是当代人本主义，由于哲学家对“主体”的理解并不一致，在这个意义上，“人本主义”是多义的。

如果把康德的先验自我的哲学和笛卡尔的“我思”都看作人本主义，那么新康德主义便是人本主义的典型。

整个地说，他们以出发的自我是一般的、非经验的和非人格的，新康德主义以继承康德为科学，马堡学派和佛莱堡学派为奠立基础的纲领而努力，并不谈个别新康德主义者是否属于人本主义思潮中的哲学家，且新康德主义特别重视科学的价值，同时强调个人价值的人本主义大异其趣，这恰恰是“科学主义”的特征。

2. 胡塞尔现象学

作为“主体哲学”或“意识哲学”的一派，胡塞尔现象学也可以被称为人本主义，与人本主义者所强调的经验自我不同。胡塞尔力求为科学知识奠立基础，同康德一样以自我为出发点，不同的是，他以描述方式进行其构成客观性的工作，胡塞尔的“我思”不是非人格的，却需要多元的、主体间的、原子论般的奠基。

胡塞尔对日常语言和日常生活中的“我”给予现象学“还原”有别于康德，客观性的先验奠基求助于“本质直观”，所需要的不是一个主体或主体性，不为人的要求做出哲学辩护，这样的奠基学说是以人的首要性为特征，这样看来，唯心主义现象学不属于人本主义范畴。

3. 现象学

舍勒（Max Scheler）的反形式主义价值哲学强调人格是道德行动的中心，舍勒的现象学“哲学人类学”更重视个人的善于容纳他人和向一个价值秩序的开放，但人格主义并不令人成为善和恶的尺度。

似乎同人本主义一致，人格主义充分注视当代文化危机的哲学，有的人格主义者理解是人对于被还原为观念或事物层次做出经常性抗议，但人格主义者仍然不甚重视个人定立其自身的能力，所以人格主义还不是完全的人本主义。

这种变化使它向人本主义方向靠近流行于美国的人格主义或精神主义，以波士顿大学为中心，通常也被叫做人本主义。

4. 萨特的存在主义

萨特的存在主义哲学是人本主义充分发展的表现。萨特的《有和无》使我们找到了真正的、完全的人本主义，他把现象学、存在哲学和人本主义冶于一炉来集中体现。存在主义作为典型的人本主义是同自然主义不相容的，存在主义者断定在人的世界、人的主体性世界之外并无其他世界。

5. 方法论解释学

方法论解释学是强调社会、人文科学要求对文本（text）或社会历史现象的理解，方法论解释学同自然主义是对立的。

自然主义则坚持科学方法的连续性，包括人在内的一切自然对象与现象都可应用一般规律给予科学说明，认为这才会获得真正的科学知识。

早期解释学和自然科学采用一般规律来说明所研究现象显然不同。在整个哲学领域内，理解和说明是两种不同的科学方法，解释学在否认真理确定性这一点上也同认识论基础主义不相容，可以说属于人本主义范畴，是同科学主义对立的。

二、人本主义的特征

满足人类最基本的需求、尊重人类尊严和社会公平始终都是人本主义研究者所拥有的共同道德和价值标准，人本主义经济思想的最大特点就是对人的需要的强调，因此在经济研究过程中，同样需要关注如何才能建立一个符合人类共同福利的社会经济制度这样的问题。

一般来说，社会改革和经济思想同样具有这样的特征，因此，在不同的时间阶段、不同的国家中都有值得人们去关切和注意的经济现象产生，所以人本主义经济学家在分析经济现象时采用的是有机的、历史的、社会的和制度的分析方法，这也构成了这些学者研究的一个共同基点。

所以，经济研究它们共同的目的都是为了人类尊严和自我实现创造条件。但是无论人本主义研究的热点和重点如何变化，社会经济制度并不是人们在经济活动中自发地形成和确立起来的，随着时间的推移，如何构建一个更符合人类福利需求的社会经济制度，是经济学研究应具有的目标，而不仅仅局限于在现有制度下单纯地实现财富最大化。人本主义经济思想最显著的特点是如果仅仅依靠市场中的个人偏好，社会经济现象会发生变化，所以应该把社会经济制度当成一个变量来看待，人本主义思想的研究对象也是不断地变化着的。

人不是脱离社会环境追求效用最大化的个人，自利行为虽然能使市场制度在自由竞争中得到促进和不断繁荣，但在人本主义经济学家看来，人在不断调整自己行为以适应现有社会经济制度的过程中所产生的结果，能够被社会大众普遍接受；强调人的本质不是不能改变的一个存在之物，而是有明确社会需要的人，所以，经济学要做到切实有意义。这才可以增加经济生活中的物质财富，保证所有人的幸福水平在市场竞争的过程中都能实现提升。价值观的形成，应该为人类社会提供并指明什么样的制度和政策才是与人类共同利益相一致的，对人类福利水平的共同增长做出贡献。

三、“人本主义”与“以人为本”的异同

不少人都分不清楚“人本主义”和“以人为本”这两个概念。下面，我们将具体分析其异同。

（一）“人本主义”与“以人为本”的共同点

1. 二者都与“物本”“神本”相对立

物本主义主要表现为片面地追求动物本能欲望的满足。总体而言，该思想的特点即：重视人的动物本性，认可弱肉强食，信仰的是无政府主义，施行的是纵欲主义，同时对价值的虚无主义进行着宣扬；重视“神性”“神权”，重视“天理”和“教条”，相信专制主义，施行禁欲主义，看重价值的永恒性，对彼岸价值、超验价值多加宣扬则是神本主义思想的特征。

物本主义、神本主义与人本主义存在根本差异，在不同的历史发展时期，这些思想形态所反映出的特征重点也一样会有差异。例如，物本主义思想在史前时期主要反映出的是弱肉强食，不过到了当代社会就变成了对纵欲主义、价值虚无主义思想的反映；神本主义思想也曾有“造神运动”，重视“神意”与“神权”，在西方中世纪基本反映出的是对部分“天理”“教条”的盲目相信，而在当代更多表现为另一种形式的专制集权统治思想。

人本主义思想在欧洲发端于文艺复兴时期，14 世纪下半叶最早起源于意大利，是现代西方文化核心要素之一。作为否定中世纪神权统治的意识形态工具，人本主义让社会意识由“神本位”过渡到了“人本位”，很大程度上影响了文艺复兴与 17 世纪的科学革命。而“以人为本”与“物本”“神本”等都不一样，其很好反映出了为人民服务的价值观念，始终认为人的发展是最终目标，把人的精神、文化素质培养与自我价值实现程度作为社会向前发展的重要标准之一。

2. 二者都凸显主体的作用

人的地位与价值是无与伦比、不可替代的。和自然界的事物相比，人是万物之灵，将一直都在中心和优先的位置。在人与自然、人与社会、人与人的彼此关系与作用里，人一直都是主体。重视人是主体，树立人们的主人翁意识和责任感，一方面有利于发挥人的能动作用、推动社会向前发展，另一方面也对人的解放十分有益。

“人本主义”强调人的主体地位。在早期，普罗泰戈拉认为“人是万物的尺度”，该命题代表智者学派开始把人当作哲学研究的对象，是由自然向人的“转变”。以人性否定神性、以人权否定神权、以民主否定专制、以自由否定禁锢，对人的主体性与人的创造性多加宣扬，希望可以摆脱教条般的约束。

“人本主义”的形式也有很多种，如理性人本主义[①]重视科学，强调人的能动创造性与主体地位；生物学人本主义[②]推崇合理的利己主义，认同人在生物学意义上依赖自然界、他人与社会的观点，后来人本主义流派把主体的能动性表示成生命的原始冲动[③]，把主体性当作一种发自生命本源的自我超越能力；非理性的人本主义[④]把人放到哲学的中心地位，重视人的非理性因素；科学人本主义[⑤]认为需要层次理论是主体的行为动力之一，还提出社会发展一方面需要有物质需求作为动力，另一方面还一定得有精神方面的动力，人的尊严、爱心、创造、自我实现等精神性需要，也是重要的与本能需要相似的一种根本性需求；现代人本主义重视本能、直觉、意志、情感等非理性因素的作用，反对理性极权对人的本能的约束、束缚。

“以人为本”让人们从不同约束中独立出来，将人作为历史主体的地位予以确立，培养人的主体意识，弘扬人的主体性。因为不管是什么工作，人都是最终完成者，且不是靠一个人就能完成的。人是一切工作的出发点，要真正做到尊重人、关心人、理解人、帮助人。共产党领导的革命、建设和改革，最终都是要让人民成为社会和历史真正的主人。

坚持“以人为本”，对于中国共产党而言，就是在什么时候都一定要尊重社会发展规律与人民历史主体地位的一致性。人是生产力中最活跃、最关键的因素，改革开放与现代化建设的各项工作，是要解放生产力、发展生产力，就一定要重视人的作用。

总体来看，不管是“人本主义”还是“以人为本”，都重视“人”的作用，都凸显人的主体地位。

3．二者都以人为目的

“人本主义”从最初出现的时候就是针对人性解放来说的。其实“人本主义”核心的思想就是以人为本，人是所有活动的最终目的。

“以人为本”和人的全面发展虽然是两个彼此联系而又不同的命题，但科学发展观的核心是“以人为本”。“以人为本”作为科学发展观的核心，是以胡锦涛同志为首的党中央在十六大以后一再强调的执政理念，其

---

① 以苏格拉底、柏拉图、亚里士多德、培根、康德、黑格尔为代表。

② 以费尔巴哈为代表。

③ 如柏格森的“生命之流”、尼采的“强力意志”。

④ 如弗洛伊德的性本能说、弗罗姆的爱欲说。

⑤ 马尔库塞的本能革命说、马斯洛的人本主义心理学。

内涵是深入体察人民群众的意愿，切实维护和实现广大人民的根本利益和促进人的全面发展。

“以人为本”即强调人是一切活动及社会发展的终极目的和归宿。人和动物活动的根本区别，就在于人的活动有一定自觉性，而促使人们从事不同活动的根本动因，就是人们的需要。人的任何活动，说到底都是想满足人的不同需求，促进人的全面发展。

坚持“以人为本”，就要把维护人们的利益放在第一位，一切工作都要从满足人的全面需求、促进和实现人的全面发展出发，坚持权为民所用，情为民所系，利为民所谋，多做顺民心、谋民利、得民心的事。为了人的生存与发展，为了人民群众的根本利益，是中国共产党夺取政权的目的，也是执政兴国的目的。共产党人的一切言论行动，必须以合乎最广大人民群众的最大利益，为最广大人民群众所拥护为最高标准。

（二）“人本主义”与“以人为本”的区别

1. “人本主义”强调人是抽象的“人”，而“以人为本”强调人是具体现实的“人”

“人本主义”设想的人只是人的一个侧面，是抽象的、孤独的、技术化的、非历史的人，关注的更多是人的普遍性、共同性，重视的是人类的价值，把人理解为脱离历史条件和社会关系的生物学的个体。

“以人为本”关注的是活生生的具体的人，是处在不同社会关系中的现实的人。这里的“人”是最广大的人民，不仅有对人与动物不同之处的关注，也有对人个性、社会差异的关注。人的类本质是人共有的，它是人而不是其它动物的根据。人就是在一定社会关系中进行着的自由自觉的创造性实践活动的社会存在物，正是人的这一特殊的本质，决定着人的意义或价值。

另外，人和人的本质也是社会关系的总和，离开了自然、社会、历史等生存环境，人的存在是不可想象的，也是无法继续延续下去的。

2. “人本主义”强调的是个人的人权，“以人为本”强调的是人民的利益

“人本主义”更多地重视人的类存在、类价值，对人自身的权利也尤为关注。早期“人本主义”重视的更多是“人性”，多否定“神性”；近代人本主义把人的主观能动性看作指向外部世界的认知能力，认为人的本质是抽象的，普遍人性即类的规定性；现代人本主义则从类本位转向个体

本位，重视个体人的独特生存状态和意义。这样看来，“人本主义”虽然和个人主义有很大差异，不过一不小心也会滑向个人主义。个人主义得以存在的知识空间只能是以人为起点和目的的人本主义，人本主义才是自由、人权、民主等问题领域的开拓者。

中国一直对《联合国宪章》保护和促进人权宗旨和原则予以尊重，对联合国为此所展开的一系列行为予以支持，主动地参与到联合国人权领域的活动中，还首次把“人权”写进中华人民共和国宪法。但“以人为本”重视的是人民群众的利益：“以人为本”以人为出发点，坚持为人民服务，尽最大的努力让广大人民的根本利益得以维护、实现、发展，让全体人民有共享经济繁荣成果的可能。如此看来，“以人为本”的着眼点是“人民群众”，与个人主义和自由主义是格格不入的，不会导致个人主义和自由主义。

3．“人本主义”只是以人为目的，而“以人为本”坚持人是目的和手段的有机统一

近现代的“人本主义”重视人是目的，即便没有错误，但因为从本质上反对人同时是手段，人作为目的就变成了不能实现的空想。主体是人，作为主体的人是自觉的、有意识的行为发出者、主动者。非主动者、消极地接受他物的作用者不是主体，没有自觉意识和预期目的的行为者也不是主体，如果离开自然界这个客体也无所谓主体，因而重视环境忽视人是错误的，但只重视人不重视环境，不在乎自然规律同样不正确，因为这样很容易会走向主体决定论。“人本主义”在人与自然的关系上，认为自然与人是对立的，人是自然的主人，自然只是为我所用之物；在历史观上，认为人是不受社会规律制约的绝对自由的主体，是历史的绝对主人。

单单以人为目的，已有事件会予以警示：当现代人歌颂、赞叹自身伟大成就的时候，很多让人担心的情况相继出现，新的冲突和问题会一天比一天更尖锐地摆在人类眼前。如果只把人作为目的，不把人当作手段，同样也会流入只关注自我的误区，形成人和人的关系紧张的状况，造成社会的不安和动荡。

中共十六届三中全会明确指出，要坚持“以人为本”，全面、协调、可持续的发展观，党中央这一十分英明的观点，让人的权利和义务趋于统一，也让人的目的和手段变得统一。

从某种意义上讲人的义务，就是对人是手段的一种重视；讲人的权利，就是对人是目的的一种重视。目的和手段的关系，适用于人、物之间，也适用于人和人之间。历史是以人为本的，但历史又是合乎规律的。

“以人为本”和“人本主义”的差异在于对待人和自然的关系上，主张在人和自然的和谐相处的基础上凸显人的主体地位。在历史观上，“以人为本”坚持合规律性与合目的性的统一，在尊重客观规律的条件下，凸显人的能动性、主体性。

中国共产党人所倡导的“以人为本”，以马克思主义关于人的理论为基础，不仅克服了中国古代民本思想，打破了近现代西方人本主义的历史局限，同时坚持了人是目的与手段的有机统一，是马克思主义追求人的彻底解放与自由全面发展的崇高目标在现阶段的具体体现。每个人为另一个人服务，目的是为自己服务；每一个人都把另一个人当作自己的手段彼此利用。每个人只有作为另一个人的手段才能达到自己的目的；每个人只有作为自我目的才能成为另一个人的手段；每个人是手段同时又是目的，只有成为手段才能达到自己的目的，既把人当作目的，又把人当作手段，这样人和人的关系才会和谐美好，社会才会安定：对于人与自然的态度也是如此，否则就会遭到大自然的报复。从这里可以看出，“以人为本”和“人本主义”显然不同，后者是以唯物史观为基础的。

四、科学主义与人本主义的对峙与融合

（一）科学主义与人本主义的对峙

在世界历史发展期间，始终存在科学和人文二者的争端。在人类还没有诞生的时候，世界是盲目地受自然力量支配的。因人类介入，自然界因此变为马克思口中的“人化的自然”，人用主体能动性征服和改造着自然，科学技术便在这一动力下出现。不过因科技的迅猛演变，科技与人本身的冲突也不断出现，同时表现得日益突出。在现在这个信息时代，科技与人文的对峙表现更加多种多样。

1. 科学技术与人类困境

近代文艺复兴运动高扬“理性”的旗帜，呼唤“人性”和个人自由，培根提出了“知识就是力量”的口号，这使西方的实验科学与自然科学摆脱掉了中世纪宗教神学的压制与约束，迸发出很大力量。科学技术创造的物质方面的财富比几千年来人类创造的生产力的总和还要多，并对人们的生产生活和思维方式产生了以前从没有过的冲击。

首先，科技的飞速发展促进工业社会的发展，推动其繁荣，也让生态破坏与环境污染成正比例指数上升，人类的生存空间被破坏得很严重。19

世纪之后，因科学与技术的迅速向前发展，人类的探索领域开始不向限于地面，开始扩展到太空、海底，以及人自身的身心等广阔领域。可是人类走到哪里就把灾难带到哪里。一天比一天恶化的环境污染情况对人们的身心健康不断产生着影响，对自然的无休止的开发与利用导致现在世界生态的破坏与失衡，人类的“积极进取”威胁着自己的生存。

其次，科学技术在武器制造与现代战争中的重要价值也对人类的生命安全有所威胁。假如说对环境和生态的破坏是人类运用科学技术改造世界、增进文明的历程中无意识的潜在的负面影响，化学武器和核武器的研制及其在现代军事战争的应用则是一种有目的、有意识的产物，其巨大的毁灭性和杀伤力让人们不敢轻易使用它。从苏美尔的掠夺到“二战”广岛的原子弹投射，从海湾战争到现在硝烟不断、此起彼伏的局部冲突，“把科学应用于实际所创造出来的武器让战争变得更为迫近而可怕，让个人的安全好像没有了任何保障，而此种安全却是文明的基本成果之一”①。人们头顶“核乌云”，不清楚本意在造福人类的科技如何成了毁灭人类与地球的“杀手锏”。

再次，科学技术的发展不仅产生了我们能够看见、我们能够感觉到的外在生活困境，更产生了我们不容易看见、不容易感觉的异化现象与精神危机。前者相对而言能让人们早发现一些并能尽快制定一些弥补措施，后者则更隐蔽且伤害性更大一些。机械单一的机器生产和专业化分工限制了人的思维，人成为机械的“原料添加器”；格式化、程式化的计算机、电脑、激光打印机等现代工艺让人与执行命令的奴隶别无二致；艺术、文化、音乐被放进科学技术的轨道里成为文化工业，其刚开始有的那种批判性与超越性就消失了。对此法兰克福学派指出，科学与技术在现代工业社会已成为一种控制的新形式，并一天一天地内化为占统治地位的意识形态；在效率、秩序和理性的技术判断体制下，人失去了自主性、个体性和自由，人成为“单面的人”，社会成为“单面的社会”。

最后，现代科学技术在生物领域、基因领域、核领域等方面的新的发展，使一场人类伦理道德的冲突和危机开始出现。人工授精、克隆人以及人类基因组密码的基本破译等都开始让人变得不安。人有没有权利支配他人的生命？人还有没有尊严？出现问题谁来负责？新兴科技对人类几千年来历史形成的传统伦理道德观念予以强烈的冲击和震撼，原有的传统伦理道德已不足以适用和规范扩展了的现代科学技术领域，其自身也陷入泥潭之中。长期以来人类活动所共同认同遵守和不言自明的原则受到了挑战，

---

① 刘寒松．科学主义与人本主义的对峙与融合［D］．吉林：吉林大学，2004．

人的存在本身也受到批判。

2. 对两者对峙所持的差异态度

在科学主义与人本主义对峙的问题上，学者们形成了众多学派，不过总结起来大体是两种观点。

一派属于乐观主义，又称为“唯科学主义”。其对科学技术的发展抱以很大期望，将现代科技的进步发展当作是克服、应对资产阶级社会各种冲突、矛盾的万能方式。在他们看来，科学技术可以让人类社会顺利地发展，现代科技进步与人类进程将会逐步趋于统一，如 W. W 罗斯托、R. 贝尔、A. 艾齐奥尼、I. 布热津斯基等不少人都表示，现代科技一直发展下去，人的问题、人在历史中的作用以及人的社会发展问题都会消失，现代科技进步和人类进步的实现程度是绝对统一的、无条件一致的。

另一派偏消极一些，又名“反科学主义”“人本主义”。他们把关注点更多地放在科学技术对人类发展的不利之处，人为地把现代科技进步与人类发展进程对立起来，预言人类会自然而然地从“技术文明”的道路走进深渊。

观察近现代历史，科技在资产阶级否定封建主义、否定宗教神学、建立资产阶级的政治和思想、推动资本主义生产发展的进程中的作用巨大。在资本主义制度下，科技的发展不仅仅让社会物质财富增多，还导致了社会的非人道主义加剧。20 世纪两次世界大战，特别是“二战”中美国用原子弹轰炸日本的广岛和长崎，导致几十万和平居民遭殃，让西方不少学者确定现代科技进步和人类进程之间没有可能调和了。“由于控制论和电子计算机等科学技术的发展，科学知识对社会生产与生活的控制和改造进入了一个新阶段。”① 一些资产阶级科学家面对现代科学在资本主义应用中所造成的非人道后果找不到正确的答案，便把人和科学技术对立起来，从而得出错误的结论。不过科学一直在向前发展，悲观主义者的不少预言已被事实所证明是不可信的。悲观主义者不能探寻人道主义危机的真正原因，仅仅从“不善于或不想使技术服从自己”的人为过错中，引申出对科学技术的否定性后果，抽象地讨论机器把人非人道化，想要“保护”人不受科学的侵害，其结果便是让人道主义的论证缺乏明确的尺度，而且还造成对科学的否认、对认识和实践进步否认等不利状况。

① 刘寒松. 科学主义与人本主义的对峙与融合［D］. 吉林：吉林大学，2004：16.

（二）科学主义与人本主义的融合

在概括地认识科学主义和人本主义对立的同时，我们还应看到现代哲学中这两大思潮的某些共同点及彼此融合的趋向。

1. 走出科学主义与人本主义对峙的误区

从前文的简单阐述中我们知道，现代西方两大哲学思潮——科学主义与人本主义的思维方法完全是不一样的，科学主义与人本主义的对立，实质上也就是理性与非理性的对立。即便双方在不同历史时期都曾是人们的关注对象，且对现代哲学的贡献也非常大，但从其思维方式上来看，二者都陷入了片面思维的形而上学误区。

西方的人本主义只重视非理性的生命体验。只有非理性的生命体验才是确实存在，才能构成人的本质是他们的看法。他们认为科学只是人实现利益和价值的一种方式而已，是意志的工具，将科学在社会经济生活应用中产生的负面效应看作是现代资本主义社会病症的根源。由此，对科学主义展开了无情的批判，因而形成了形而上学的唯意志论。

西方科学主义则认为科学的思维方法只有理性思维，只有自然科学才是科学，其他所有的意识形态都非真正的科学。实际上，经验证实方法才是他们最重视的，只有这样才能让科学的客观性得到重视。用自然科学来否认人文科学和社会科学的做法就让自然科学独立于人类科学之外，进而对人类的需要、利益、价值等一点也不关心，正是这一态度，才造成了科学与人的对立，并陷入形而上学的唯理性论。

为了走出现代西方哲学这种形而上学思维的陷阱，首先，我们一定要明白西方人本主义的理论宗旨是正确的，由于人和人与社会的问题一直都是我们探讨的永恒主题，所以离开人谈其他问题并没什么意义。不过，他们简单地从非理性思维模式出发，重视人心灵体验的正确性，必然会陷入主观唯心主义和形而上学的唯意志主义。同时，他们在“专心致志”批判科学主义的时候没有认识到，理性和科学对人们的约束和危害，这正是人们对它们的不正确应用所造成的，而不是理性和科学自身的错误。其次，我们也一定要对西方科学主义加以肯定，要重视理性思维的积极性。因为，理性思维是作为实践主体——人类所独有的一种思维模式，也正是该思维模式对人类社会发展到今天的文明起到了重要的作用。科学主义在一味重视理性思维而排斥非理性的同时，就在其与人本主义之间设置了一条不可逾越的沟壑，但它也认识到理性出现和自然科学体系建立本身就是以人为本的，是为了人的发展而服务的，同时在认识的过程中，非理性因素也起着至关重要的作用。

总的来说，我们必须坚决否定上述两种形而上学的思想，将双方思想主张中相对合理的因素结合起来，以崭新视角从整体上探索人本主义思想，即感性和理性相结合的思维模式。因为，人的发展是人类存在的必然性，而人的发展目标又一定要通过科学体系的健全来完成，同时，科学不单涵盖自然科学，同时还有人文科学和社会科学。在探索人的发展和科学体系建立的过程中，理性思维和非理性思维是彼此联系、彼此渗透、辩证统一的，二者缺一不可。

2. 重新探索人本主义思想是时代发展和人类全面发展的需要

随着人类社会的进步，人们在以自身的生存和发展为目标的实践中陆续解决了自身与自然的冲突，进而创立了人类的不同科学体系，使生产力获得快速发展，从中我们也能够进一步证明不同科学体系建立的目的就是服务于人类。

时代迅猛发展的现在，人们即便感受到了科技向前进步带给人们的物质生活条件的变化，也能认识到自然界不仅是被动接受人们认识和改造，改造过的人化自然也会反作用于人类。若是改造的方法有误或是不恰当，一定会产生很多不利影响，如环境的恶化让人失去了很多较为不错的生活条件，这也是近几年人们一再讨论环境的可持续发展问题的根源所在。

人们在处理自身与自然界之间冲突的同时也有另一个问题待处理，即人和社会的冲突。人们在改造自然的时候，往往会将自身作为一种可供开发和改造的价值、资源。我们每时每刻都在为了适应时代的发展和社会的向前发展而开发自身和改造自身，在这期间人们常常会觉得心力交瘁，这既为人们开始为合理配置人力资源，推动自身发展而建立社会关系，却也成为羁绊自身的枷锁，从而形成人类异化的情况。这基本上还是因为人类对自身资源的开发方法不当导致的。从这里，我们也了解到了人力资源同自然资源类似，在对其进行改造与开发的过程中一定要给其留有一定的自我再造和自我完善的空间，这样才能为人类的发展奉献更多的价值，这也是人力资源可持续发展的一种思维模式，它也刚好可以反映出终身教育目标的正确性。

科技是进步的，环境是变化的，每一历史时期我们都一定得遭遇全新的问题与冲突，不过不论社会怎样向前发展，我们探索一切科学的宗旨没有其他的，就只有紧跟时代步伐，以人为本，为人类的生存和全面发展创造更好的生活环境和空间。

过去历史上有不少自然科学家与人文科学家都曾针对差异问题展开过

深刻的探讨，不管探讨的结果怎样，其最终都是希望可以为人类的全面发展提供科学的方法。

而哲学这门科学，是立足于以人为本，在不同历史时期为人们解决普遍性的问题提供科学的方法论。所以，在每一历史时期人们都以现实为基础，从崭新的视角探索与发展人本主义思想将是人类一个永恒的课题。在社会迅猛发展的现在，人类生存的环境剧烈变化并在一些方面日益恶化，这就进一步要求我们运用科学的思维方法来发展人本主义思想，这一问题对于全人类而言也是任重道远。

3. 时代呼唤科学主义与人本主义的融合

（1）人类社会的发展呼唤科学主义与人本主义的融合。科学技术有利有弊。一方面，科学技术的发展促使劳动生产率迅速上升，使人类的物质生活条件获得极大改善。可是它在带领人类社会的物质文明飞快发展的同时，也让人类社会有了很多新的挑战：生态环境出现失衡、环境受到污染、臭氧层出现空洞……此外，科学技术如果被非正义的力量所掌握、控制①，将会极大危害人类社会的生存与发展。从中可知，科学技术越向前发展，人类社会就越需要那些可“证明自己正义性”的思想精神、道德规范与价值准则。而这些精神、规范与准则又绝非科学技术本身所固有的。它们只能由超越科学技术的人文文化与人文教育来提供。可见，科学主义与人本主义的融合早已成为社会发展的一个趋势。

（2）作为个体的人的生存、发展与自我实现呼唤科学主义与人本主义的融合。人类的个体是有很多需要的，只有在这些需要持续地得到满足的条件下，人类才可以生存、发展并将自我完善持续下去。一方面，人有对空气、水、食物等维系其生存所必需的生物需要，也可以说人具有对衣、食、住、行等的物质需要；另一方面，人不仅是需要衣、食、住、行等的生物意义上的人，同时他（或她）也是有自我意识、有情感、有意志、有理想的社会化了的人。人社会化的一面使之具有精神需要（包括对真、善、美，对友爱、爱情、尊重，对自我实现等的需要）。这些需要的满足要求人必须有一定的创造与获取物质财富的能力，而个体的该能力需要通过接受人文教育才可获得的。可见，人类个体需要的多元性与整体性也必然要求科学主义与人本主义走向融合。

---

① 诸如核武器技术、细菌战技术、化学战技术以及制造计算机病毒的技术等

4. 科学主义与人本主义的融合之路

如今很多人都在讨论人文与科学的融合，要求对人文主义传统中关注人的存在价值、人的本能需要与人性完善等思想的继承，但它不是文艺复兴中人文主义的机械回归。文艺复兴时期的人文主义，想以科学理性为工具，消灭神性，弘扬人性，其结果不仅没有将人性发扬，还因为自己推崇科学理性使科学主义膨胀到一发不可收拾，从而也让人性的发展成为“泡影”。那么，科学主义与人本主义到底该如何走向融合呢?

（1）尊重科学，承认科学思维的价值。尊重科学，承认科学思维的价值，不仅在理论上是人文发展的物质前提与基础，同时在实践上也是我们在现代化进程中的经验教训。中华民族出现科学与（和）人文双重衰落的根本原因在科学不在人文，是因为整个民族没有科学精神。科学精神不能在中国生根的原因，基本上也是伦理至上与实用理性思维造成的。

仅从伦理至上来看，中国传统文化强调道德至上，对科学不太重视，以修身为本，以求真为末。因此，中国人常常从伦理原则出发而非从客观存在出发，所以才有不少违背人性与规律性的状况出现。“存天理、灭人欲”就是佐证。就实用理性思维而言，一方面，实用理性思维表现为以价值判断代替事实判断，把伦理观念而不是事实当作出发点，所以往往会造成对事实的歪曲；另一方面，实用理性思维又表现为经验主义与实用主义。

因为没有科学精神，我们概念往往较为模糊，逻辑演绎方面也非常薄弱，所以对客观存在的理解常常要靠经验来支撑。所以我国古代有较先进的实用技术，却也未能发展成为科学思想与理论体系。科学精神是人对科学本质的理解和追求，其实质性要素除了客观依据、理性怀疑之外，还有多元的思考、平权的争论、实践的检验、宽容的激励等。

在现代进程中，对于怎样确立科学精神，一定要先做好以下工作。

第一，一定要对科学与哲学和信仰等意识形态之间的关系有所反思。我们应该承认科学的相对独立性，避免其他意识形态对之抹杀或抹黑，或把自己凌驾于科学精神与事实之上等行为。

第二，我们一定要学习科学的思想方法。其中“公正、客观、实事求是”是最重要的。要注重概念的明晰、推理的合理、逻辑起点的正确性等，不能伪造证据和做任何艺术性的夸张。我们常常没有相对严谨的科学态度，表面上只要说得过去，事实上讲得通，就不再继续深入研究了。我们习惯于把事物冲突性的两个方面简单地放在一起，往往变成了折衷主义和对模糊思维的掩饰。所以要克服经验主义与实用理性思维方式，确立科学的思维方法。

第三，科学精神一定要与人文精神相平衡相对应。“不应该把科学精神同人文精神对立起来，在批判什么是科学主义的基础上来提倡人文精神。如果在这样的基础上来讲人文精神，那就容易流入神秘主义和反理性主义。”不要分不清楚科学的对象世界与人的精神世界，不能以科学的决定论、因果关系来绝对性地看待人的精神等活动，应该给主体留下一定的空间，不然的话就是不符科学精神的。

（2）反思知识内涵，重视科学知识与人文知识的统一。自德国哲学家李凯尔特从新康德主义的立场出发，将知识体系划分为人文科学与（和）自然科学以来，现代学校一直传承并且将该分工沿袭了下来，并认为两种科学的性质根本上是不一样的（它们有不同的研究对象、方法与使命），不然的话学者无法在各自相应的领域内进行深入研究。然而，这样一种知识生产体制最终造成了两种文化——物质与精神、科学与人文的极端状态。

因为科学主义的霸权，人们只是重视自然科学知识，知识的丰富内涵产生了缺失与偏执，如世界经济合作与发展组织（OECD）曾将知识分成四类：一是关于事实的知识，这类知识和消息差不多；二是关于自然原理和规律方面的知识，这类知识在不少产业中是技术发展及产品与工艺进步的支撑；三是指做某些事情的技艺与能力；四是指有关知识在谁那里、怎样做某些事的信息。

以上知识的分类体现了科学技术在社会经济发展中的重要地位，将唯科技主义、追求知识的单纯工具性倾向展示出来。在该思想指导下，知识系统自然而然就有了商业化倾向，实用价值明显的自然科学与技术科学就被提升到很高的位置，并优先获得政府与企业界的支持；表面上不能发挥显著经济效益的人文科学也因此受到冷落。事实上，社会的向前进步需要两种知识协调发展，人的全面发展也需要两种知识的支撑才能健康与平衡。因此，知识的内涵需要加以重审和界定。这里有人对经合组织的知识分类作了以下补充：第五类知识是关于立品为人的知识，包括个体的道德品质、事业心、敬业精神和责任感等，它是决定一个人生存与发展的动力系统，是个体立品为人的根基。第六类知识是人际关系的知识。它帮助人类创造丰富的物质财富的同时，还要实现人际关系和谐的理想。第七类是关于怎样面对挫折与失败的知识，它是个体生活幸福的必要条件。第八类是关于怎样看待自己、人与社会、人与自然之间关系的知识，它是未来社会安宁、繁荣的前提与基础。

这四类知识在承认认知——工具性知识的同时，重视了道德——实际性知识与审美——表现性知识。只有全面科学地理解知识的内涵，才能在实践中自觉地构建合理的知识、能力与素质结构，从而有利于个体全面发展和人格的完善。

（3）理解知识的发展与劳动力的发展和社会的发展是同一历史过程。从知识的载体来看，通常有物和人两种载体，以物为载体的知识即我们常说的“死”知识，而以人为载体的知识是“活”知识。在知识经济社会里，以人为载体的“活”的知识将成为新经济的第一资本，成为超越土地、货币等要素的资本，成为财富创造的最关键资源。该情况随着知识经济社会的到来，会以劳动者的创造能力、全面素质以及与这个社会相适应的伦理规范等形态表现出来。该知识形态与过去农业社会、工业社会的知识形态是有质的差异的，它是社会历史发展的必然结果，是一个社会的历史发展过程。劳动力主要表示的是人的体力、知识、技能、健康等其他具有经济价值的精神存量。该精神存量因为社会形态上的差异，其内涵的重心也不相同，如农业社会重视个体的体力，工业社会则重视个体的生产知识与基本技能，不过在知识经济条件下，劳动力除知识、技能、智力与健康等因素以外更注重劳动者的科学人文主义精神。所以说，社会发展依赖于人的全面发展，依赖于人的科学素质与人文素质的整体上升。

（4）关注可持续发展的理念。当人类企盼“知识经济”时，一定要认清“科技异化”对人类的危害。人类把可持续发展作为社会发展的主导理念，提出了既满足当代人需要，又不危害后代的发展。以前我们关心的是经济发展对生态环境的影响，而现在我们已迫切地感受到了生态压力对经济发展的压力，从一般地考虑环境保持到重视把环境问题与人的生存与社会发展问题结合起来的可持续发展是人类思想的质的飞跃。它将连续克服传统经济社会中的各种问题，如环境污染、生态失衡、能源匮乏、人口膨胀等“人—自然—社会”的不和谐所导致的人类焦虑与担心的问题。传统工业尽可能多地对自然资源加以利用以获取最大利润，不考虑环境、生态与社会效益，建立在自然资源用不完、环境容量充裕的前提下，这是科学与人文、知识与技术分离的不利之处。而可持续发展的理念出现在多种自然资源几近耗竭、环境危机一天比一天加剧的现时代，理智地把科学与人文、知识与技术融合在一起，体现出人类对“人—自然—社会”关系的科学的全面认识。它以协调人、自然与（和）社会之间的关系为最高准则，认同人一定要成为科技发展的主人，科技发展不能以破坏自然与（和）社会为代价，社会发展有赖于人文观念的引导与推动等理念。

（5）建构新的伦理规范。人文观念从它产生的那天开始，就是为了推动人的思想境界与道德情操的提高，即充实、净化人的精神世界，提升个人道德水准，推动人与社会的和谐发展。在人类共享全球知识和技术资源的条件下，人类个体一定不能再跟过去一样狭隘保守、封闭自私，一定要共同创新、合作与进步。

从新的市场观念来看，以信息为基础的科技贸易将对传统市场经济进行一次革命，为此宏观调控显得更为必要，政府的决策行为往往不仅是经济行为，还包括人文行为，由于他们不得不考虑科技给国家性质、政治稳定、人民群众的利益与（和）意愿带来的影响，如欧盟国家已经法定联合禁止克隆人，以防止和克服新科技成果可能给人类带来的生态与伦理的灾难与危机；就商业经营形式而言，日益发展的跨国公司已开始和传统市场的竞争出现差异，形成你中有我，我中有你，既彼此合作又彼此竞争的局面；新的市场机制要求人们建立彼此尊重、彼此信任、彼此团结的道德观念与行为准则。一个高效、自由的市场制度，不仅需要一个有效的产权和法律制度相配合，同样离不开良好道德对这一制度的管控。由于制度是人们之间的人为安排，制度的发展以当事人的共同行为准则（即道德规范）为基础。制度的有效维持需要人们的彼此信任，每个人对他人的行为有充分的了解。所以说，社会运转的条件除了有经济价值规律在发生作用，同时还需要伦理道德规范的维系，不然的话这个社会不仅没有道德，同时也会变得没有效率。

第四节　人本主义的产生与发展

人本主义观念起源于古希腊时期，苏格拉底时期人就代替了自然而变成了思辨的中心。古希腊智者学派的代表人物普罗泰戈拉最早认为“人是万物的尺度，是一切存在的事物所以存在、一切非存在事物所以非存在的尺度”。在这一思想产生之前，受那个时候思想意识与社会发展的约束，人们对于外在的自然与神，还是投入了大量的研究，不过人本主义思想的产生，仍像闪电一样冲击黑暗，让人们的研究对象与注意力转向了对人与社会的研究，人为万物主体的价值观与认识论在思想界与哲学界被人们认可。古希腊思想的“不以上帝为中心，而是以人为中心”也是其思想瑰宝之一。

欧洲中世纪时期，僧侣学校由教会创办，整个社会的文化教育由教会统治，意识形态上都变成了以神学的教导为准则，其他古典文化都是异端的情况，所以在学校里学生只学习与神学、法学相关的知识。随着经济的不断发展，社会的进步，以新社会经济关系为基础的新兴城市产生了。在这些城市里面，生命力强劲的世俗文化冲破了传统神学的约束，传播范围也越来越宽广。世俗学校也相应地成立起来，由教会长期垄断世人教育的情况被打破了。这些世俗学校并不理会教会的压制与规定，在学科设置上不局限于对“神”的研究，还以人与（和）自然为研究对象，向学生开设“人文学科”的教育，其学科的基本内容是对古希腊古罗马的语言、文学、自然科学等学科的研究，该研究实质上是当时世俗文化发展的一种必然要求，是与中世纪基督教神学与经院哲学尖锐相对的。“人文主义”这个称呼也由此而来。在人文主义的理念中，人被认为是宇宙的最高权威，是万物之本，是世间的主宰，所以它否定一切以神为本的观念，提倡用“人权”来对抗“神权”，以此向中世纪的教会统治与宗教教义发出了英勇的挑战。在这里，人文主义以神本主义的对立面出现，所以又被称为人本主义，它的思想都是在强调对人的尊重，维护人的权利，一切从人的需要出发。资产阶级的启蒙思想家们继续了人本主义思想传统，将自己的理论建立在自然主义的人性论基础之上，提出了“天赋人权”的口号，创造出自由、平等、博爱等思想理念，丰富了人本主义的内涵，从理论上为资产阶级反封建主义的斗争与资产阶级的民主政权建设提供了强有力的支持。

在18~19世纪，以人本主义为表现形态的理性主义发展到顶点，产物为工业革命与工业文明。不过资本主义商品经济的快速发展，生产出大量、丰富的物质，人们却迷失在这些富裕的物质生活面前，形成了新的“金钱拜物教”“商品拜物教”，而刚从“神”的统治中解放出来的人，又一次拜倒在商品、金钱等“物”的脚下，商品、金钱则异化成了让人们膜拜的新的“上帝”。所以，李嘉图觉得“人是不足道的，而产品则是一切”。这样，“人本”又被商品、金钱异化成了“物本”，物质享受差不多将人们全部的心灵空间予以侵蚀，物质性的工具理性代替了终极关怀意义上的价值理性。而马克思的分析，则是从资本主义的商品生产开始，透过杂乱的商品现象，深入到资本形成的核心，最终发现资本主义生产对人的异化，其根源在于劳动的异化，因为人的劳动是一切生产的根本。通过对异化劳动的研究，马克思揭示了资本主义社会的“一切生活条件达到了违反人性的顶点①”，认为被压制的人与压制别人的人都不是真正的具有人性的人，并在此基础上认为“人的根本就是人本身”“人是人的最高本质”等，形成了自己的人本主义思想体系。

---

① 中共中央马克思恩格斯列宁斯大林著作编译局．马克思恩格斯全集（第二卷）[M]．北京：人民出版社，2005：347.

在西方人本主义思想的发展过程中，费尔巴哈是人本主义哲学思想的集大成者。

一、费尔巴哈人本主义思想

（一）历史背景

路德维希·费尔巴哈，德国人，1804 年 7 月 28 日出生。19 世纪初期是德意志民族生活的特殊时期，是即将发动德国资产阶级革命的前期，因为历史与社会发展的多方面因素，德国的资产阶级革命要比英国晚 200 年左右，比法国也要晚将近 50 年。当英、法的资产阶级革命相继发生时，德国不管是在经济上还是在政治上，相对而言都还贫弱。农村生活里，统治者容克地主剥削农民，享有大量的封建特权；在城市，行会制度妨碍着资产阶级的发展，手工业与（和）工厂手工业发展也特别缓慢。

由于德国的资本主义制度的持续发展，资产阶级发展资本主义的强烈要求同落后的封建约束爆发了激烈的冲突，发动资产阶级革命的条件也慢慢变得成熟起来。1844 年，德国爆发了西里西亚纺织工人起义，1848 年，爆发了为时两天的柏林起义，这次起义虽然未能将封建王权推翻，但让维持政权的国王做出了一定妥协。德国的革命具有不彻底性，而最终的资产阶级革命是通过王朝战争的方式实现的，不过德国统一是在资本主义发展要求统一的形势下展开的，统一后又推动了德国资本主义的发展，资产阶级同当时的普鲁士封建势力的冲突一天比一天尖锐，新兴的资产阶级已经无法容忍唯心主义哲学体系对封建统治的屈从，激进的青年黑格尔派仍然把哲学当作武器进行斗争，费尔巴哈的人本主义思想体系则自成一派，成为那个时候最先有重大进展的杰出思想。

（二）关于人的本质观

费尔巴哈在人的本质方面提出了自己的一些看法。经过长期的研究与分析，我们对其做出了总结，主要归纳为以下三个方面。

1. 人的本质观的初步认识

费尔巴哈对人的本质提出了一个观点，即人作为一个感性实体，他在时空中的表现就会是短暂的，而只有作为一个理性的实体，就是说当人能够体现出他的理性的类本质的时候，那么他的思想、功绩、精神世界可以永存。在他看来，人的本质在于理性的方面，而且理性并非个人属性，而是类的属性，特别是在他的著作中，费尔巴哈认为人在思考的过程中，不是代表自己的具体的人，而是作为一般的人而存在，人的理性是不可分割的统一，也就是说人作为一个类的形式存在，具有这个类的共同的本质，而不是作为一个单体的个人而存在。

在人与自然的关系上，费尔巴哈强调唯物主义的出发点是自然世界的客观性、物质性，他关于人的观点与他自己早期著述的观点也是有很多的不同之处的，最为突出的特点便是在探讨的过程中更注重人的感性方面的东西。他认为，如果想真正地理解人，那么一定要把人与自然进行紧密的联系，否则无法解释“什么是人”，人也无法真正认识自己。

费尔巴哈强调说，所谓本质，就是一种事物之所以被规定为此物的基本的要素，人之所以被规定为人，都是因为他们具有无法被他物代替的基本要素。他认为，由于自然产生了人，人的基本要素就被规定了自然属性的本质，费尔巴哈认为，作为自然本质的人，不应当有一个特殊的、超乎人的规定，人并没有其他规定，而在于表现出自己的本质。把人当作他哲学体系的基本核心，认为人是自然界的产物，是自然的一部分，而并不是某些所谓神秘力量的产物。

人产生于自然，对于理解大自然的人来说是明显的，人的产生不可能来源于基督教或思辨哲学的某种构想，例如空气，我们呼吸它，靠它生活、但又不能仅靠空气生存，我们还需要其他物质，我们必须触及我们吃的东西、喝的东西、用的东西，这些都是真实存在着的。

费尔巴哈把人的本质和生存所需的环境和条件混在一起，有利于对宗教神学和思辨哲学的批判，即使这一观点并不那么合理。后来，费尔巴哈与思辨哲学、神学决裂了，主要是因为二者否定了人与自然存在关联。

2. 关于在人与他人关系中的人的本质的理解

在费尔巴哈看来，人不等同于自然，“人的本质包含于团体中，包含于人与人的统一中”。费尔巴哈对“自我”与“你”的区别，存在多种解释，争议很大。

一种观点认为这个“你”是指生物学上的人，“自我”和“你”是指人与人类的关系，尤其是“两性关系”。把人的“两性关系”作为人的本质，是因为费尔巴哈试图从生物学或生理学的角度和视域出发来看待人，他认为两性相悦的情欲是人作为感性存在的不可或缺的符号，并不是上帝或什么思辨哲学的力量赐予人类的，这种情欲的存在，这种感性的实在，才是真实的存在。其作品中的“自我”“你”用“两性关系”来理解，可以说是比较科学的。

从“社会关系”的角度来分析说明和比较，费尔巴哈已经对人的社会属性有所研究和认识。他认识到个体的有限性力量在集体才能发挥到无限，人的存在在于自然，而人之为人在于他人，在于集体。经过长期的研究，他指出人的本质是“一种无限多样性的、可以无限地加以规定的、正因为如此可以感觉到的本质。①”他视人的本质为一个完整的系统，人的每一种属性都具有属人的本质，包括自然属性、理性、神性、社会属性②。

费尔巴哈投入了大量精力，用社会性对人的本质做出了诠释，而他只是把这种关系归结于人与人之间的相互需要的友爱或亲情关系。这无疑是一个进步，因为他将人的本质从上帝拉回到了人本身，而且这一观点在很大程度上启发了马克思。

3. 对人的类的概念的提出

马克思主义认为，人与动物之间最大的区别在于，人能制造、使用工具，而动物不能，这一观点受到了大多数人的认同。费尔巴哈当时关于人与动物的区别有这样一段描述：“只有把自己的类、自己的本质当作对象的那种生物，才具有意识”。由此可见，他认为人能够认识自己，可以意识到自己是一个“类”，而动物却意识不到这些，这才是人与动物之间最大的区别。

费尔巴哈说：“我们在生活中是和个体打交道的，而在科学研究领域，我们打交道的对象就变成了‘类’。③”由此，我们不难看出，他认为人具有自我意识，而且还具有“类”的意识，这一观点具有十分重要的意义。正是因为人能够认识自己，认识自己的“类”的观念，那么人就会有两种生活——内在的生活和外在的生活。内在的生活是人特有的，是指对他的类、他的本质有关系的生活，人拥有即使独自一人仍然能够思考、讲话的职能，这是人特有的人的类的职能。而动物却只有一种生活，它们不能行使这种类的职能，人却能够把自己假象成为他人，把自己的本质，把自己的类当作对象，即便是人们孤身一人，离群索居的时候，仍然能够意识到自己是作为人的这一类的本质，仍然具有这种类的意识和观念。

在他看来，人作为一个类的特性是理性、意志和心。其中，理性我们

---

① 北京大学哲学系，外国哲学史教研室. 十八世纪末一十九世纪初德国哲学［M］. 北京：高等教育出版社，1979：15—18，31.

② 当然这里的社会属性仅在于人与人的交往的直观理解，费尔巴哈并没有对人的社会属性做进一步的科学揭示，他所谓的人与人之间的交往仅仅指亲缘和两性等方面的交往，因而只能算作是一种最初的社会关系或者说是一种自然关系。

③ 于洋. 费尔巴哈人本主义思想及其时代价值研究［D］. 桂林：广西师范学院，2012.

有必要在这里多加说明，它是一种自然的人必然属性的个人意识，是现实的、感性的人存在的一种标志。在他看来，理性、意志、心和人的生命都属于人生存的目的，是一个统一体。

人的本质的存在，决定了其与动物之间的区别，同时还标志着人是值得尊重的、有存在价值的。费尔巴哈人本主义思想有一个特点，具有十分重要的意义——把人的价值同人的本质、类本质结合来思考。人不但能够认识到人自己是类的一个个体，而且能够把自己作为一个类的规定同自己作为一个个体的规定加以区分，作为一个个体，人们是能够认识到自己的限度，这个限度就是指理性、意志、爱，而作为一个类，人们会认识到他的无限性和完善性。那么，就会得出人们把人的类本质看作是无限和无比完善的，而且把他作为自己的研究对象，变成一种独立的精神实体。

在他看来，人一方面把本质看作不同于自己，客观的事物，另一方面又把不同于自己、客观的事物人化，客观世界并不是与我们相隔甚远的对立的对象世界，而是时刻都会和我们发生关系的存在着的联系的世界，人们通过不同的他物来了解自身，把人的本质对象化，并把这种对象化的本质演化发展为一种独立的精神世界，当人们考察具体的个人的时候，不难发现他与别人的差异；然而当把个人作为一个类，作为一个全体或整体来加以考察的时候，那么可以发现人与人的个体差异（甚至是民族差异）会消失。

尽管费尔巴哈认为作为人的类要高于作为动物的类，但他所认为的这种本质特点的存在是因为人有意识，而并没有思考社会因素。由此可见，他在关于“类”的本质探讨存在一些局限，即仅从被抽取社会客观生活内容的概念出发，简单地探讨了人们的共性。

（三）贯彻于无神论的人本主义

在上文中，我们对费尔巴哈关于人的本质观进行了一番探讨，下面，我们主要围绕他的另一个观点——贯彻于无神论的人本主义展开具体论述。

费尔巴哈的无神论是在人本主义思想的基础上建立和发展的。“神是人本质的异化”，是其无神论中人本主义性质的主要体现。

1. 人的依赖感分析

在他看来，宗教神学有一个十分重要的基础——人的依赖感①。自然

① 在《宗教本质讲演录》中，费尔巴哈对依赖感的解释是感觉到、意识到自己的依赖性的人，人们所依赖的，就是作为感觉对象的客观世界、客观事物。

就是被人依赖的对象。他的这一观点得到了广泛的认同，比较具有说服力。

实际上，依赖感的表现无异于畏惧感与缺乏感，这主要是因为原始人对大自然存在诸多不了解之处，对一些自然现象存在畏惧心理，对自然“恩惠”的感念，对大自然有着无限崇拜。

宗教的产生，显然是为了摆脱人的这种依赖感。在他看来，自然的神性是宗教，而人的神性则是宗教的目的。人总在探寻如何摆脱自己深陷的依赖感，若想抗衡、驾驭自然，那么人必须拥有强大的力量。随着人类社会的发展与科技的日新月异，人们对自然的理解比较高了，但不是每个阶段都可以达到目前的水平，人们只好把这种驾驭自然的想法寄托于想象，幻想着人能够成为神的神性。

2. 寻求人性复归的途径

费尔巴哈十分看重人的感性存在与人性自然存在的状态。在他看来，人的自然存在不够自由，往往受到诸多限制，使人在长期的宗教影响下无法得以人性的复归。

自然宗教是最古老的宗教，其最重要的特征在于自然宗教崇拜自然界及其神力。在他看来，原始人类不懂自然界为何会发生诸如风雨雷电、日出日落等现象，所以把这些归结于神力，所以产生了对太阳、动物、植物等自然事物的崇拜。之所以会产生这些崇拜，主要是这些自然事物在很大程度上影响了其生存，他们渴望自然界的事物能够保证他们正常的生存。

在自然宗教中，人们把自己的本性加以丰富的想象，赋予某个事物以神秘的力量，这是人本质的异化形式，即“人的想象力系着于自然”。在自然宗教中，人的本质只是部分发生异化，因为被崇拜的自然物与人的想象力存在差异，自然物存在限制。举个简单的例子，人们崇拜某种植物，可能是因为它能够被食用，但仅此而已，它不能被用来保护家畜等等，这时的崇拜物可能是驯化后的狗，因此人们把想象力附着于不同的自然事物上，这也是多神教产生的基础。

在基督教中，人们把自己的本质进行了异化，并集中在上帝身上。人的想象力是无限的，而上帝恰好又是人们通过想象把自己本质对象化的最后的结果，上帝是一切的一切，它无所不知，无所不在，无所不能。在这里宗教神学的本质是人把自己本质外化成一个独立的精神实体，人通过想象力把人的本质直观化，使之离开自己而表露出来，费尔巴哈称其为人同自己的分裂。而且，费尔巴哈进一步指出这种分裂出来的独立的精神和从人的本质分离出来的本质同人恰恰处于一种对立的地位，反而束缚、限制了人，即人创造了神，反而又成了神的奴仆。虽然他还不能从历史唯物主义的角度来对宗教神学的社会历史基础进行深入而具体的诠释，但他提供了一种思路——宗教神学的问题存在繁杂的原因。他曾花费大量精力去寻找它，未果，但该想法启发了马克思。

克服人本质宗教的异化，费尔巴哈认为，指出宗教、神是人本质的异化，人们就会从崇拜和虚幻之中走出来，把异化为神的人的本质归还于人，用对人的爱来代替这种对神的敬畏，“对人的爱不应是派生出来的，它应该是起源的爱，如果人的本质是至高的本质，那么，在实践上最高原则就是人对人的爱。①”用对人的爱代替对神的爱是费尔巴哈认为扬弃宗教神学的途径，费尔巴哈认为恢复对人的爱，摒弃宗教对人的蔑视，用道德意义上的世界秩序取代神学意义上的世界秩序，可以使人由神学家变为人学家，从爱神者变为爱人者。

20世纪初，随着资本主义社会飞速发展，现代化大工业生产对普通劳动者利益的剥夺越来越严重，人们普遍感受到巨大的生活压力，在此背景下，弗洛姆人本主义思想应运而生。

二、弗洛姆人本主义思想

（一）历史背景

埃里希·弗洛姆，是美籍德国犹太人，出生于20世纪初期。他既是一名精神分析医生，又是一名人本主义哲学家，隶属于法兰克福学派。

他从小就对人的个性、心理抱有强烈的好奇心，这与他父母迥异的性格有很大的关系。12岁时，他父亲和一位年轻的女画家订了婚，然而没多长时间就解除了婚约。之后，他的父亲去世了，那位女画家试图自杀，并要求与他合葬。弗洛姆认为这些事情十分反常，并试图找到发生这些行为的主要原因。后来，他从弗洛伊德的心理学书籍找到了思路，极大地受到了弗洛伊德理论思想（尤其是精神分析学说）的影响，并做到了间接的传承。

在精神分析方面，弗洛姆是弗洛伊德学说的追随者。弗洛姆在从事精神病医生的工作时，弗洛伊德的理论是其必修课。在柏林精神分析学院学习的过程中，弗洛姆主修的是弗洛伊德的精神分析课程。弗洛伊德的理论

---

① ［德］路德维希·费尔巴哈著，荣震华译．费尔巴哈哲学著作选集（下卷）［M］．北京：三联书店出版社，1962：315—316.

建立在生物本能基础上，仅仅从生物学角度对人及人性进行剖析。弗洛伊德认为，社会、文化因素并不会对人格发展产生影响。这也就暴露了其学说的局限性。随着精神分析运动在世界各地逐渐发展起来，精神分析学家们纷纷掀起批判弗洛伊德的热潮，关注点聚焦在社会文化因素是否对人及人性产生巨大影响。经过多年来对人类精神状况的分析研究和对社会现象的观察经验，弗洛姆也开始对弗洛伊德进行批判性研究。弗洛姆反对完全照搬弗洛伊德的学说，他试图运用社会学知识对弗洛伊德的论断进行批判改造，把他的精神分析理论用作批判资本主义社会现实的武器，最终经过自己的研究形成了弗洛姆的人本主义思想。

弗洛姆人本主义思想的产生，与其时代背景息息相关。当时，资本主义占主导地位，而现代工业社会对个人利益日益侵犯，现代人面临巨大的生存压力，使人们产生了两种感觉——失落感、无意义感。面对这一困惑，弗洛姆的人本主义对当下人们的处境进行了独特的观察和剖析。批判精神则是弗洛姆人本主义的本质特性，主要体现在他对现代人人性异化和社会异化的分析。他的这一思想理论是许多学科（如精神分析学、社会历史学等等）的综合，对于哲学界而言意义重大。20 世纪 80 年代，理论界掀起了对弗洛姆人本主义思想和著作进行研究的浪潮，那时，弗洛姆的人本主义一度成为我国学者研究的显学。

（二）弗洛姆人本主义思想的主要内容

在弗洛姆的一生中，一直在做一件事情——寻找实现消除人类异化、建立健全人类社会的有效途径，以其独特的人本主义视角分析人在两次世界大战后的精神处境。弗洛姆对马克思和弗洛伊德的思想进行批判性继承，并综合发展马克思和弗洛姆两者的思想，形成了弗洛姆的人本主义理论。弗洛姆关注人的发展，从研究人性和人的需求出发，揭露人类行为的本质原因。在他看来，要想改进人们的生存方式，那么一定要站在人的角度来考虑。而在寻找建立健全社会的过程中，弗洛姆又着重研究了人的异化，认为在资本主义市场中，人丧失自己是自己主人的意识，单纯的用价格来衡量自己的生存价值，人成了待价而沽的商品而非具有自我意识的人。这种现象使得人类出现了生存危机，是病态的。所以，弗洛姆致力于从人的角度出发阻止人类异化倾向。弗洛姆认为人们需要找寻健全自我的方式，从经济、政治、人的心理等领域为人类建立健全的“新人新社会”提出改良方案。一直以来，他都十分关注两个问题——人的发展与社会前途，用人性理论和异化理论分析揭露了资本主义社会表象下的病症。他把自己定义为社会批判者，弘扬一种社会批判反思精神，他的人本主义在很大程度上医治了社会心理异化的患者，甚至医治了整个社会病症。

1. 人性及其需求

如果想真正了解其人本主义思想，那么首先应对其人性观有一个深入了解。在他的人本思想中，存在一个根本立足点，即人性问题。他认为万物不可离开人这个尺度，一旦离开，便不再真实、合理。对人性问题的解读是弗洛姆人本主义研究的基本立足点。理清人的本质及人性的基本需要，是我们依照人性的规律和人发展的目标去评价现实事件的前提。只有以实现人的全面发展为目标改进我们的生活方式，人类才能找到最适合的生存方式。相对主义的人性观和先验形而上学的绝对主义人性观是在过去的人性理论中占主导地位两种人性观，而他对这两个观点都不抱有绝对支持的态度。

在他看来，在人的日常生活中，人性不是一成不变的，而是会根据情况的不同，显现出不同的表象。由此，我们不难看出，人的本质以及人性的矛盾应靠理性来解读，而不是靠感觉与直觉。在此思维的驱使下，弗洛姆将内外因结合起来对人性做出了一种灵活的解读。“人在改造世界的同时，也在历史的进程中改造了自己。人是自己的创造之物，但是他也只能按照人的本性改造世界。人在历史的进程中，所做的便是开发这种潜力，并按照人性可能发展的方向改造这种潜力①。”弗洛姆用矛盾性来判定人性，认为人具有繁衍能力，但即使人是自己的创造者，但创造自己的过程必然会受到人性的限制。人对世界的改造不是无限的，而仅在人性的范围之中。同时弗洛姆承认人具有发展人性和改造世界的潜力，这反映了弗洛姆人本主义避免了相对主义和绝对主义人性观所存在的问题。当人处于任何一种既定的文化中时，他总是人性的一种表现，不过这种表现形式却是由所处的社会情况所决定的，是这个社会的特定产物。

他认为要想真正解读人性，那么一定要从人所处的社会环境入手。对人的研究逐步转向探索人的真正需要是什么，我们的第一项任务就是要了解什么是人性，什么是由人性而来的需要。弗洛姆细察社会活动和人类心理发展的动态关系，研究社会对人类发展产生影响的积极方面，预测人性与社会之间发生冲突会给社会带来的不良后果。在他看来，每个人都会形成自己的习性，这是一个漫长的过程，社会也会随着这个过程而形成社会人格。人的思维模式、行为，主要取决于其习性。人的安全感的获得，往

① ［美］埃里希·弗罗姆著，孙恺详译. 健全的社会［M］. 贵阳：贵州人民出版社，1994：11.

往是因为人能够遵循自己的习性。而社会人格是独立个体在适应客观规律和社会的过程中所形成的习性。例如，如果社会要求个体能够拥有生产的技能，人类就会在自己的生活中有意识地培养适应生存的习性，他们认为只有改变自己、适应社会才能真正融入社会。适用于个人生存的社会人格又客观上推进了社会的前进和发展。当代社会，人与人的关系已经失去了那种坦率的符合人性的特征，成了相互利用的关系。生活节奏的加快加重了人们的不安全感，人们在社会现实的刺激下只能选择去工作来填补自己内心的缺失，通过工作换取金钱和物质生活保障来提高他们的安全感。人们渴望通过工作获取金钱，人们又希望得到充足的休息时间，这两者的矛盾让人们变得烦躁不安，对休息时间的掠夺降低了人们的工作积极性和热情。这两者的矛盾就需要通过社会人格来进行调和，社会人格让人们习惯照着社会的需要而行动，在社会人格的驱动下社会形成了一种社会良知，社会良知指引人们即使在自己很疲惫的状态下还是会主动去适应社会而忘我的工作，这种良知内化为某种权威刺激着人们。

弗洛姆认为，如果一个人的人格与社会人格是一致的，那么他人格中的一些主要驱策力可带领着他，依照他的文化的特殊环境，做应该而必要的事情。弗洛姆的人本主义思想很大程度上受到弗洛伊德的影响。弗洛伊德认为，人类维护本能会刺激人性的矛盾，而弗洛姆则不这么看。人的与众不同之处，在于人不仅只有生理上的需求，更多是心理上被理解的需要。由此看来，弗洛姆与弗洛伊德不同之处在于，弗洛姆认为人成为高级动物的一个显著标志是人类的理性需要。弗洛姆人本主义将人的需要大体分为五大类：关联的需要、超越的需要、寻根的需要、同一感的需要、目标与献身的需要。弗洛姆所理解的超越的需要是指人是渴望超越生物的被动状态，渴望突破自己局限性的需要。自觉、理性与想象打破了动物的生存特征一和谐，使人成为怪异的东西。人属于自然，受制于自然法则并无力改变这些法则。但是在其他方面，他超越了自然。弗洛姆认为实现超越有创造和破坏两条途径。人类都拥有繁衍的能力，但是由于人拥有理性认识，从某种意义上来说人类是创造者本身又是被创造物，然而人类的主动性创造则不同于自然界的给予，生产、文明、艺术、耕地等都是人类的创造性活动，人类在主动创新制造的过程中得到了心灵的慰藉。不过人类超越需要还可以从破坏的过程中得到满足，人类在创造自身的过程中企图超越自身，但是当这种愿意无法实现的话，就有可能出现一种破坏倾向。弗洛姆认为，创造与破坏并非是相互对立、排斥的本能，而是满足超越需要的两种不同形式的行为。破坏同创造是对人超越的需要的两种不同反应，这两种形式的活动都对人类社会都有着巨大的影响力。但是相比之下，创造是人性中的一种更优先、更具有良性影响的力量。

弗洛姆将同一感的需要定义为，人类感觉到他在独立的同时渴望从属于群体的需要，通常情况下群体影响个体就是认同感需要最直观的体现。弗洛姆提出，认同感的需要不是在人类一出生时就有的，往往是在人类不再受天生的某些条件的限制开始时慢慢形成的。大部分人对自己的理解只是没有了解到真正的自己，人们是把许多替代品看作是认同感，比如组成民族、宗教、阶级、职业等，这些都是人的认同感需要驱动下产生的组织。人们放弃自己的自由和独立的状态只为融入一个群体或者组织，人们的妥协换来的是群体对自己的认同。弗洛姆认为在群体里个体竞争尤为明显，这种竞争的氛围又刺激了群体中个人更加努力地融入群体。从这一方面来说，激烈的竞争让集体中的个人感到更多的不安全感，从而使得个人更加寻求认同感。需要来自于现实生活中人们的生产活动，需要源于人们渴望去解决的矛盾。弗洛姆认为关联的需要即为人类同外界联系的需要，某种程度上来讲，这是人最重要的需要，因为它是人健全其人格的重要环节。很多情况下自然会引导人类的活动，但是在某些活动的过程中人类可以在一定程度上脱离自然，人与自然的原始供养关系被阻隔，理性使人类的心理活动在脱离自然供养的状态下变得更加丰富，而人类的思维越复杂、必理活动越频繁就越容易出现不安全感，这样一来人只能从与他人发生联系的过程中弥补自己的失落感和孤独感。

弗洛姆认为，人与外界发生联系有四种途径，即臣服、统治、自恋、爱。这里的臣服是指人们主动臣服于外界的个体或者群体，因为融入某个群体或者臣服于某个人能够让自己有一种群体感，臣服于群体的过程中发生与外界的联系，能让自己找到自己在群体中的存在感。“统治”是以统治他人让本人与外界发生关联的方式，在统治他人的过程中统治者使唤他人、奴役他人可以减少自己与生俱来的孤独感。统治这种方式满足了统治者的自恋需求，尽管大多数情况下，统治者中的自恋是一种恶性自恋倾向。弗洛姆认为自恋也是一种让人类与外界发生关联的形式，即独立的个体把自己的一切需求当作中心，绝对相信自己的正确性，失去了反思的能力。弗洛姆认为“自恋”看似是人们与外界发生联系的一种方式，但是实际上这种的方式使自己置身世界之外，是极其不健康的状态。弗洛姆认为，与上述几种方式相比，“爱”是与世界发生关联最好的方式，他认为爱是人类最根本的能力。通过爱的培育，人们对自己有了更全面的认识，拥有爱的能力的人能够在爱自己的同时爱他人，能够在生活中找到自己的根本需求的同时与外界发生良性的关联。需求是人类生活的最终目的，爱是人类满足自己的需求最好的方式。拥有爱的能力也是人类建立健全社会的前提。弗洛姆认为，爱是一种相互参与的体验，它能实现与他人或世界的结合。只有当人爱的需要得到满足时，人的关联需要才能得到和谐的、全面的、健康的满足。弗洛姆强调爱的培育在人的健全发展中的重要作用，把爱定义为人的根本需要，但不是每个人都拥有爱的能力。

2. 人的异化

弗洛姆用“异化”这个词来解释现代资本主义世界的病态现象，认为工业革命时期的资本主义社会中，人类受到了压制，人的利益和需求得不到满足、人性的发展没有受到应有的重视。他用大量事实揭露了资本主义否定人的个性与自我发展的虚假本质。弗洛姆将异化看作是人性沉沦在社会中的表现形式。弗洛姆研究了马克思的思想，对马克思的《1844 年经济学哲学手稿》《资本论》《德意志意识形态》中所提及的异化概念做了重要分析，弗洛姆认为，马克思一生都是以消除人的异化为奋斗目的，马克思对劳动和政治中的异化深恶痛绝。马克思看到资本主义工业文明的发展壮大使工人阶级异化现象更加严重。不过弗洛姆并不认同“马克思的哲学是对人的异化、对人不复为人变为物现象的披露”的观点。弗洛姆对马克思的社会主义思想进行批判。马克思认为异化是伴随着私有制的产生而出现的，但异化不会随着私有制的结束而终结。弗洛姆并不这么认为，他认为异化也能随着私有制的消失而自然终结。弗洛姆认为异化是人与生俱来的，异化现象反映了资本主义制度的罪恶，他用心理学分析方法为工具，综合马克思主义理论批判资本主义制度，指出工业文明的弊端，觉察到社会的方方面面无不被异化现象包围，资本主义制度下人的异化特征更加明显。在工业文明的资本主义制度下，人感到孤独、不安，机械化。人感到自己的行为及其结果成了他的主人，他只能服从甚至崇拜。在异化状态下，人不再是自己的主人，人的生存依靠不再是自己，而是除自身之外的某种力量。人们丧失了“我是自己的主人”的意识，丧失了自身的主体性，人的生存与人的本质已经分离。而这种异化现象已经大范围地渗透到了社会的各个领域。然而，虽然弗洛姆致力于批判资本主义社会制度，揭露社会现象下所隐藏的异化，但是仍然没有触及异化的本质。所以，弗洛姆的异化理论具有一定的局限性。

人是什么？弗洛姆认为人是具有理性的高级动物，人与动物的区别是人具有理性。他认为，理性对人类来说是把双刃剑。理性让人在解决难题的过程中自发地学习，让人具有创造的能力。然而，人的存在不同于其他有机体，人的心理无法避免地处于一种不平衡状态。遇到磨难时，具有理性的人认识到自己必须主动克服，尽管这个过程是痛苦的。人也是唯一自寻烦恼的动物，人的诞生本身就具有否定性，人从出生开始并不能像很多动物刚出生时那样天生就具有生存能力。人需要经过耐心的抚养和长时间教育才能独立，婴儿一出生便缺乏对自然的适应能力，人不曾被赋予在自然之外的谋生技能。人是孤独的，人们群居却既不了解自己也不了解他人，不知道自然的规律，也没有什么手段来代替自己失去的本能。人从出生开始，就陷入了既不能摆脱孤独感也不能返回成为动物的矛盾中。异化的人们寻求自身之外的价值感，人如同商品一样受制于反复无常的市场标准。弗洛姆认为这种待价而沽的异化人格必然会使人们丧失尊严感，因为异化使得人们不再感到自己是独一无二的，也使人们感觉不到自己是自己的主人，这个过程中人们感到自己与世界割裂，如果这种孤独感无法排遣，就会导致人们走向病态，造成人们出现缺乏感情、压抑自我的状态。马克思和弗洛姆一样，都认为异化是一种社会病症，但是他们对异化现象又有不同的理解。弗洛伊德把异化仅仅看作是个人在家庭中受到排挤和挫折时候出现的病症。马克思则把异化看作社会的病态，认为资本主义的发展才是导致人类社会严重异化的诱因。弗洛姆对异化理解的独特之处在于他承认异化的必然性。从古至今，人都渴望从属于某个组织或者领导，偶像崇拜并不是只有在现代社会才出现。在资本主义化社会，异化渗透在人们日常生活的每个角落。弗洛姆认为，人必须同社会发生关系，但是如果这种关系是以异化的形式进行的，人就会失去完整性和独立性。弗洛姆认为是人类的理性与智慧创造了高科技，科技提高了我们的物质文化生活水平。经济基础决定上层建筑，随着经济的不断发展，人们不断充实壮大国家机器，人类凭借理性和智慧建造了一个空前绝后的人造世界。在运用理性的过程中人类被深深地异化了，现代资本主义社会中的人在市场经济下忙碌地接受这个自己创造出来的社会给自己安排的任务，因为这个人造世界缺乏爱，这是一个充满剥削和占有的人造世界。在这个社会中人人都在寻找自己的归属，人们希望依附于一个群体，从属依附的过程中人们的自我意识慢慢淡化了，感到深深的孤独感和无奈，尽管人类每天都生活在自己亲手打造的人造社会中。人类的智力表现得很卓越，人的理性却退化了。“只有他发展了理性和爱的能力，只有他能够用人道的方式来体验自然界和社会时，他才会感到自在、安全，才能成为自己生命的主人。①”弗洛姆担忧社会中人的发展状态，认为现代资本主义工业文明进程在推动社会发展的同时，人们在丧失自我，成为服务于超个人的经济目标的工

① ［美］埃里希·弗罗姆著，孙恺详译．健全的社会［M］．贵阳：贵州人民出版社，1994：62.

具，成为一件待价而沽的商品。人类只有一个办法——逃出自然的给予，自己去建立一个属于自己的“新家”。

弗洛姆希望通过对经济、政治制度的改良建立一个健全的社会，在一个健全社会中的人类，既能够通过创造性活动提高社会生产力和社会经济水平，又能够在爱的培育下实现健全自我的发展。弗洛姆认为，人类发展经济必须是以人的发展为目的，发展经济应该同时满足“重生存”的需求。马克思认为，实现共产主义需要以实现人的全面发展为前提，共产主义社会中人类受到剥削和压迫情况的发生概率几乎为零。想要建立这样一种健全社会，首先必须认识到我们存在的问题，从具体领域的改革入手，改变以牺牲多数个人利益为代价换取少数人利益增长的经济模式和生活方式。弗洛姆认为，尽管表面上看来当代社会经济水平提高了，但其实人们反而变得越来越空虚，更加没有存在感。用“异化”这个词来批判现代社会病症只能起到指出这一社会病症的作用，并无法从根本上治愈病症。弗洛姆认为，异化是一种体验方式，在这种体验中的个人觉得自己是一个外人，他变得和自己疏远起来，体验不到自己是自己的主人、自己行动的创造者，他只能感觉到他行为的结果变成了他的主人。

弗洛姆认为，官僚资本主义是政治上的异化，因为人们普遍认为政治机器必须由官僚主义操控，事实上这是一种错误的观点。官僚资本主义会限制人的思维，官僚主义的传播范围还特别广，不仅仅表现在政治经济上，甚至连人类的夫妻关系、买卖关系、雇佣关系等等也牵涉其中。官僚主义忽视人的价值，实质上是用一种压榨的方式对人们进行绑架。弗洛姆认为，想要推倒官僚主义必须先从意识上进行反思批判，寻找我们的真正价值和意义，以重生存的方式创造自己的生活，提高生活力，促成自己的全面发展。

那么，怎样才能阻止社会的异化倾向呢？弗洛姆认为，马克思所说的共产主义并不是人类的终极目标，而是人类全面发展的一个阶段。共产主义社会中人类能够从政治经济中挣脱出来，成为自己的主人。而弗洛姆认为，首先我们必须要意识到社会异化的存在，才能找到出现异化的原因，在了解异化本质规律和诱发因素后我们才能通过政治经济模式的改良从而战胜这种病症。

不同的人对社会问题的揭露和批判都会受其自身的立场或者思维惯性的影响而产生不同见解。弗洛姆将人的异化、人以重占有的生存方式及人与世界的分裂视为人的非真实存在。弗洛姆认为人的异化过程同时给人带来了两个结果：一是物质财富的增加；二是人类生存所面临的危机。弗洛姆深入揭示了人与人、人与世界之间产生的矛盾是由人的异化所导致的，预料到人在工业文明下的行为将会威胁到人类子孙后代的生存。弗洛姆没有把人类自身的生存危机简单归结为理性的猖厥，尽管弗洛姆将理性看作人的异化的表现形式之一，但他并不是绝对的非理性主义者，因为弗洛姆并不完全排斥理性，他倡导的是一种具有批判精神的理性。弗洛姆将爱的培育工作与社会的政治、经济、文化的改革联系在一起，认为人在社会中缺乏爱的能力、缺乏安全感是社会对人类产生影响之一。爱主要是心理层面的概念，弗洛姆过分夸大爱的培育对社会改革的作用，反映了弗洛姆人本主义具有一定的乌托邦性质，因为弗洛姆不能从根本上把握人与人、人与世界的分裂的社会历史根源和文化根源。“新人新社会”弗洛姆不单单停留在揭露和批判病态社会和扭曲的人格，他的人本主义伦理以建立自由、爱、理性、创造性为基石的非异化的社会为目标，同时以人道主文为标准，对社会问题和人的精神问题进行揭露研究。

弗洛姆在《占有还是生存》一书中提到，社会性格和社会结构之间的关系是动态发展的，两者相辅相成、相互依存，社会性格对社会具有巨大的影响，小范围的社会性格的变化会促使社会性格和社会结构上发生较大的变化。而很多人文学家认为，社会的发展决定了人的发展，只有改变人的意识、价值观念和性格，才能建立起一个新的真正意义上的人道主义“新社会”。弗洛姆却不认为新社会的产生必然就会促成新人的产生，他认为精神上革命如果只是口头表达，或者只是叫嚷着建立新社会却不真正行动起来的话，那么纯粹的心理变化只能是在小范围的群体中出现，并不会引起健全人格的产生。

弗洛姆的“新人”的含义体现在以下方面：具有自我意识、安全感和对自我个性的认同感和自信也愿意为了自己的全面而健康的生存放弃一切形式的占有；承认除了自己之外任何人都无法给自己的生命赋予意义，而这种独立性是建立在奉献和分享的基础上的；不论在哪里都有充分展现自身的能力；奉献和分享为快乐的事情；敬畏任何形式的生命，认为生命是神圣的，敬畏促进生命成长的一切事物；尽可能地降低自己的贪欲、仇恨、幻想；努力培养自己的爱的能力和批判的思维能力；克服自己的自恋心理，接受人存在有限性这一现实；觉察到自己的个性发展才是人生的最高目标并且能够为此自律；发展自己的想象力；不欺骗别人也不受别人欺骗，人可以无辜但是不能幼稚；认识自己，认识一个已知的自己，也要认识那个未来有无限的可能性的自己，等等。与之前的哲学家片面地把社会和个人分割开的改革不同，弗洛姆倡导在社会的各个领域进行全面的变革，他认为社会是一个不可分割的整体。虽然这种思想在当时具有一定的先进性，但他想通过社会改良实现社会的健全必然是行不通的。根本原因在于，弗洛姆认为，社会主义就是理性，人类只要凭理性就能够救人类，人类只要运用批判的理性就可以走出自我灭亡的困境。马克思并不这么认为，马克思认为暴力革命是人类建立共产主义社会、实现共产主义的根本工具。马克思认为暴力革命的方式是无产阶级推翻资产阶级的统治、建立自己的统治的最根本方式。弗洛姆与马克思的不同之处在于，弗洛姆认为，实现共产主义应该根据具体实际情况，以和平的方式改革而非以暴力方式达到实现健全社会的目的，弗洛姆把马克思所说的暴力方式进行社会改革仅仅解读为暴力改革，他用狭隘的视角去看待社会变革问题是片面的。马克思认为，建立人与人、人与世界和谐相处的社会主义社会是实现人类全面发展的前提。马克思认为社会主义是人与世界的一种联合，在社会主义社会中个人能得到充分发展和相对自由。马克思将人类得到全面发展看作是人本主义和现实自然主义的目的。所以马克思找到了通往健全社会的科学方法，他认为资本主义工业文明将人的异化激化了，在资本主义社会里劳动力成了一种没有活力的商品，由此人成了资本家的工具，人的自我被限制了、自由权利被剥夺了。处于社会最底层的工人阶级是领导全人类进行解放斗争的中坚力量，但在资本主义社会中却无法分配足够的物质资料和财富。马克思认为，把资本主义的经济活动改造成社会主义经济活动需要参与者具有较高的个人素质和阶级条件，克服人的个性的弱点和社会性分裂。只有当人承认自己本身就是社会力量，并把自己的个人力量通过合理整合变成强大的社会力量才能解放全人类。如果劳动者不再被雇佣，那么他的工作的性质和特征就会随之发生改变。因为劳动者获得了自由，自由的劳动的环境会使劳动者身也得到满足，劳动者将会认为工作是人类活动中最有意义的活动形式。

弗洛姆提倡人们应该在自己的生存过程中主动地培育自己爱和创造的能力。由于人们具有理性，工业文明不断改变人们的生存方式会使人们感到更加孤独，工业资本主义社会是以利润为价值取向的社会，是重占有的生存方式为主导的社会。而重占有的生存方式又是从私有财产派生出来的，这样的生存方式把人和人之间隔离了，人与社会分割了，人们感到只有自己主动与世界建立联系才能使人重新感受到自己的存在。起初，弗洛姆提出两个让人们找寻存在感的途径，一种是使自己臣服或依附于个人或者群体，这可以用来解释为什么很多人会崇拜上帝，因为上帝能让人感受到与世界在发生联系，这种盲目崇拜被弗洛姆定义为“被虐待的倾向”。还有一种方式就是自己主动去征服个人或者群体，使自己有一种与世界建立联系的占有感，他在自己的想象世界中变得贪婪，这种人被弗洛姆定义为“虐待狂”。后来弗洛姆又补充了可以减少人类的孤独感的积极形式

——自发性活动。自发性活动可以表现为以爱为武器创造自由和平等的制度和规则，爱让人与人之间搭起通向彼此的桥梁，这是主动而有计划的行动。人们在创造的过程中爱自己也爱他人从而消除与对方的隔阂。而爱本身也是一种创造性活动，因为爱是由关爱、包容、理解和尊重组成的，所以爱和创造的性质是一样的。然而建立健全社会离不开爱和创造的作用，在教育的过程中着重培养学生的爱的能力、创造的能力。在形成培养爱与创造的能力的过程中人们根本不会去想着要占有，而是自己发自内心的追求爱并乐于发挥自己的主观能动性，他感觉到自己是世界的一部分，并且感觉到自己正在与世界和谐相处，也不会寄希望于破坏或者占有以满足个人欲望。人是自己的主宰，人们拥有追求崇高精神的能力，拥有爱的能力，从而理性客观的存在于世界中，如同世界万物一样，这就让人类的内心变得平和自由，弗洛姆把这种生存方式看作是“生存的国度”。

弗洛姆认为，社会进步需要进行社会改革，但是他不认同用暴力革命方式进行改革，提倡通过对经济制度、政治制度和社会中爱的培育的方式进行社会改良进而建立健全新社会。弗洛姆的改革主张并没有从资本主义社会本质出发，想仅仅通过社会几个领域的改革实现生产力发展和社会稳定，却不主张从根本上消灭私有制下的生产关系，使得他的“新人新社会”只能是空想。弗洛姆反对无产阶级专政包括人民民主专政在内的一切专政形式，反对通过建立任何形式的专政来实现社会主义目标。弗洛姆仅仅想用理想中的改良社会制度的方式达到建立新社会的目标，反映了弗洛姆人本主义思想局限性。弗洛姆曾提到人的异化是由于人们感受到自己和世界的分离，人对安全感的需要客观上受到人类活动的限制。弗洛姆虽然强调理性因素的重要性，但并没有绝对把人类异化的出现归因于理性。他倡导社会中人类的全面发展活动和创造性活动需要以带有批判精神的理性为指导，在自己的生活中找到自我价值与定位，科学地发展自己。弗洛姆认为建立健全社会应该把改良当作是主要武器，同时将伦理范围中的爱与社会的政治、经济、文化的改革结合起来，认为爱的培育不仅仅是心理层面的革命，也是一种改变内在心理思维，重构社会秩序的过程。弗洛姆的人本主义把爱归于伦理的范畴体现了其理论的乌托邦性质，过于重视爱的培育侧面反映出弗洛姆把社会改革过多的归因于人的心理原因，没有考虑到客观的现实性和可行性，这注定了他无法通过心理学和哲学研究对社会进行本质性的改革。弗洛姆构建人与人、人与世界和谐新社会的愿景是无法实现的。虽然弗洛姆觉察到人类危险的处境，揭露了资本主义美好表象下的弊端，但是他无法看透引发人类社会危机的本质因素，弗洛姆的人本主义理论在心理学研究的基础上演变成一种强调“主体—客体”的对立二分。弗洛姆的人本主义无法超越传统理论和定性思维的约束，但他力图改善社会和批判的革命精神还是值得借鉴和鼓励的。

西方人本主义哲学思想经历了漫长的发展过程，形成了众多流派，涌现出了很多典型代表。与此同时，中国从古代社会开始也产生了人本主义思想。中国传统哲学中的人文思想与西方文艺复兴时期的人文主义是影响东西方人类生存意识、心理结构和思维方式的两大类重要的思想。它们有共同的“重视人”的思想特质，却有着不同的一个重要共性。它们都以文化积淀的方式成为东西方各自不能轻易替代的人类文明史的重要部分，也成为确立东西方的关于人类本质、地位和价值观的重要依据。

中国传统哲学中的人文思想和文艺复兴时期的人文主义有着不谋而合的共识是“人为万物之灵长”。但对“人为万物之灵长”的分析中，中国传统哲学则是从认识和道德上说明；而西方人文主义则是从人类反对宗教权威出发主张以人为本，研究一切与人的活动相关联的事物，这里的“人”是一种想要脱离任何抽象依附的觉醒的个体，他们要求并且能够主宰自己，因而成为万物中有灵性的。相对于中国传统哲学的人文思想中的“理性”色彩，人文主义要更多地体现出“感性”的意味。

中国传统哲学思想的天人合一、合天，就是道德主体通过主体自我修养自觉地合于天理，这是做人的最高精神境界。而人文主义是一种为了反映人类的实际需要的思想体系，它的矛头直指中世纪的神权和神学，反对神权的统治、对人们思想和行为的禁锢，进而觉醒地认为应该相信人有创造一切的力量。可见人文主义竭力地要求人们能从神权中挣脱出来，在这个意义上表现人类本来就有的自己，以获得“做人的自由”。西方文艺复兴时期的人文主义内含科学精神于其中，并在资产阶级反封建斗争中发挥了积极的进步作用，但它没有深入到人的社会本质的层面，因而是片面的、抽象的。

第三章　西斯蒙第人本主义经济伦理思想的理论基础与主要内容

作为西方经济思想史上第一位人本主义经济学家，西斯蒙第的经济伦理思想立足于人道主义的哲学基础，从经济学的研究目的是人出发来阐述其与西方古典经济学的主流学派斯密、萨伊、李嘉图等人不同的经济伦理思想，彰显其独树一帜的经济伦理主张。

第一节　西斯蒙第人本主义经济伦理思想的理论基础

一、西斯蒙第经济伦理思想的哲学基础

西斯蒙第作为西方第一位人本主义经济学家，其经济伦理思想的核心就是以人为本，维护小生产者利益，对小生产者充满深厚同情和人道关怀。人道主义思想是西斯蒙第经济伦理思想的哲学基础。

（一）人道主义的历史发展

14 到 16 世纪是欧洲的文艺复兴时期，也正是在这一时期产生了人道主义思想。在拉丁文中 humauns 就是人道主义，它的字根与人文主义相同。所谓的人道主义，也就是将人放在首位的一种思想体系，这个体系对于人的地位、尊严、价值和权力都是极为重视的。那时候的人们由于长时间受到教会的束缚，思想受到禁锢，人性和尊严得不到尊重，禁欲主义让人们远离世俗生活和享受，人们甚至没有追求幸福的权利。也正是在这样的前提下才催生出了人道主义。随着资产阶级势力的日益壮大，要求推翻封建制度的呼声也不断增高。

在资产阶级革命活跃的 17、18 世纪，人道主义出现并逐渐走向历史

发展的前台，它所提倡的天赋人权以及自由、平等和博爱等口号，成为当时新兴资产主义推翻封建社会制度的一种精神支柱，同时也成为该阶级创建资产阶级制度的一种价值观，他们以此为口号，对文艺复兴时期的人道主义做了进一步的延伸和发展，使人道主义的思想内容更加丰富，也更加适应当时的社会发展和变革。对于当时处于封建社会备受压迫的大众百姓来说，人道主义所提出的精神和口号是极具吸引力的，但是当平民帮助资产阶级推翻了落后的封建制度之后没多久，平民又再次成为资产阶级手中的待宰羔羊。他们同样将平民作为自己的压迫对象，也就是说这个阶段对于广大的劳动人民来说，资产阶级表面上所宣扬的平等、自由博爱的思想实际上就是一种空谈，它根本不可能实现，广大的劳动人民就这样成为资产阶级夺取政权的铺路石，成为被欺骗、被愚弄的对象。

当然，不管是形式上还是特点上，人道主义的特点并不是一成不变的，它会随着时间的推移和时代的变化及时丰富和调整自己的核心，适应不同时代大众的需求，并在此基础上描绘出未来人道主义的思想世界的蓝图，但在阶级社会中，这种超阶段的人类之爱是无法实现的。空想主义就存在这样的弊端。

而西斯蒙第所提出的相关的人道主义问题则是基于当时的社会经济现实，他将人道主义与经济的关系集中体现到了伦理思想的哲学中，与此同时，经济与人道主义的关系也是西斯蒙第伦理人道主义的提出之所以具有价值的一个理论前提。事实上对这一关系的分析能够解释为什么在西斯蒙第所处的年代，经济增长与人们感受到的人道状况的改进之间日益加剧的偏差，也能够解释西斯蒙第呼吁人道主义力量的决心。

应该说，获得幸福是人道主义的基本内涵，人道状况得到改善的一个重要途径就是改善经济状况，但当时的人们普遍忽视了这一点，这实际上就是对人道主义发展趋势的一种违背。因此，我们有必要对经济发展与人道主义发展的一致性进行探讨。

（二）人道主义与经济发展的关系

1. 人道主义发展的物质基础

应该说，经济和生产力是两个相辅相成的条件，生产力的提高必定会推进经济的发展，而经济的发展也会反作用于生产力，这样的一种螺旋上升的关系，让大量的物质进入到普通百姓的生活当中，为人的发展和完善奠定了非常坚实的基础，同时对人道主义的发展也起到了极大的促进作用。众所周知，人类社会之所以存在和发展，一个很重要的原因就是物质资料的生产和发展。而人道主义的发展必须以物质和制度为基础，只有人类生存状况在物质和制度的良性发展中得到有效改善，人道主义所提倡的理想才能实现。

纵观人类历史，社会制度的不断演变也意味着人类的思想和文明在不断向前发展和进步。通过了解社会历史的发展趋势，我们知道，社会的发展以及资源的配置从原来的自给自足等封闭保守的自然经济逐渐转换成为后来的商品经济，这就充分体现了人类对自然的改造能力，意味着人们适应自然的能力也在不断提高，丰富的物质基础让人们有了更多的时间和空间关注身边的其他事物，人们的思想得到解放，从愚昧的封建宗亲思想中，人们开始思考自我和人道的意义，从而也改变了普通民众那种愚昧和命运任人摆布的历史。

在资本主义的商品社会当中，任何一件商品都要实现自身的价值，这可以说是这种社会环境中的一种共识，即使是人也不例外，因此，一个人要想在社会中站稳脚跟，首先要做的就是尽自己最大的能力将自己的价值发挥出来，并受到社会广泛的认可，这就从某种程度上标志了社会的进步和人类思想的解放。

应该这样说，在社会发展的过程中，人性的发展总是不断突破的，人们已经摆脱了动物界的残忍厮杀，同时也摆脱了奴性对人思想的压抑，人们的思想已经不再愚昧落后，人的自我意识和价值观念已经充分建立了起来，这从某种程度上来说，更加推动了社会的发展和意识形态的进步。随着社会的发展，不管是从人类社会发展的角度还是从人性的发展角度，这都是一种必然的结果。

前面我们已经说过，经济的发展建设和生产力的发展水平是相辅相成的，而生产力的成长主要体现在科技的发展和进步上。一是刺激人的自然需求，并使其逐渐改变，在适应科技发展的基础上，为科技的再提升和再进步奠定基础；二是在人的素质方面，只有更高的人类素质才能使人得到更加全面的发展和提升，进而完善整体素质。这也就是说一个人要想得到全面发展个性充分解放，一个非常必要的条件就是要有更加开放而多元的市场经济。

一个社会只有发展出高度的生产力，处于该社会中的人同时具备高度的精神文明，才能实现人的全面的自由和发展，所形成的社会自然也就是高度理想的社会。但对于当前来说，要形成这样的社会还是任重而道远，各种条件以及各项指标还存在矛盾和差距，但不可否认的一点就是，市场经济是在不断发展的，它的总的趋势就是实现以人的自由全面发展为目标的人道主义的终极追求目标。

2. 人道主义和经济发展

从某种程度上来说，经济发展和人道主义的本质和核心都是将人作为主体和核心。经济发展的最高目标就是实现大众的经济自由，而人的自由全面发展是人道主义发展的最高核心。对个人利益、幸福的追求和对个人价值的实现是人的个性全面发展的根本要求之一。

一个人要想对自身有一个充分的认识和了解，就要从自身的根本利益出发，这同时也是人道主义的价值取向以及人道主义发展的最终目标，社会不断发展和进步的必然结果就是人道主义的实现。一个人要想得到全面发展和最终的个人幸福，一个根本的途径就是追求利益，而一个根本的有效手段就是社会经济的全面健康发展。

当生产力发展到一定程度的时候，以市场经济为导向的资源配置必然会成为市场发展的一种常态，这也可以说成是一种必然的结果。市场经济在进行资源配置的过程中，在创造财富的同时，伦理道德的精神已经蕴含在这个过程的每一个细节当中。正如伦理学家弗兰克·梯利曾经说过的那样，每一个人在社会中的自我价值的完美实现以及精神生活的不断发展，是人类社会发展的必然趋势。市场经济中的利益机制将个人利益纳入道德的内涵，重视和强调对人利益的追求，激发了个人活力的增长，从而推动整个社会的繁荣。

在商品经济社会中，支配商品生产与流通过程起最主要作用的是价值规律，价值规律要求进入市场的商品生产者和交换者的经济活动遵循等价交换的原则。强调公平、诚实、守信对人们的经济行为进行约束，排斥专横，欺诈、蒙拐骗等不正当竞争行为，制止人与人之间非人道的现象。

与此同时，要想使新建立的人道主义关系更加稳固和健康，公平守信城市也是必不可少的基础条件。这也就保证了人们在进行经济活动时的公平公正，使经济活动更加合理合法，这也是市场经济伦理道德的一种体现。但是，有一点也需要注意，那就是不公平的经济行为，这种行为对于经济的发展和建设来说具有非常重大的不良影响，它们不仅对社会的正常生活秩序产生不良影响，同时也会对经济的运转和提升造成严重影响，如果这种行为大量发生，甚至已经成为一种风气，也就成为所谓的非人道现象，那么经济的运转必然会陷入无序当中，这种混乱的状态对于社会的破坏无疑是致命的。

生产力的不断推进与演变，对于社会的分工与合作也有非常大的促进作用，随着生产力的提高，劳动时间大大节省，劳动效率反而大大提高，经济也就随之向更高的程度发展。因此，与其说资源配置的商品经济就是市场，还不如说是在效率提高基础上的经济。也正是因为这样的经济关系，在市场经济中进行相关活动的个人或企业就要想方设法将效率提高到最大，只有这样才能用最少的时间和人工达到最大的生产量，也就是效率最大化，这也就要求经济活动中的个人或企业对于相关的生产技术以及经营管理要经常更新和提升。与此同时，参与生产经营的人员还要保证其素质和能力等人文因素能跟得上。对于生产和经营者来说，效率意识的存在能大大提高他们的整体意识和敬业意识。

商品生产的效率最大化不仅涉及经营者和生产者，对于广大的消费者来说同样非常重要，关系到消费者的切身利益，因为消费者是这些产品的主要使用者和评价者，当消费者使用的产品因为质量或服务等问题而产生不好的使用体验或心理，这对于产品的生产者和经营者来说都是非常有影响的，轻则影响销售，重则影响到经营者和生产者的根本。因此，只有满足消费者对质量和服务的要求，产品的市场地位和作用才能得以巩固，生产者、经营者和消费者才能形成一种互惠互利的关系，也就是一种良性的循环过程，其中蕴含在效率经济中的伦理道德，也直接在效率经济中体现出来。这同样是社会分工和合作互助关系的一种加强，在此过程中使人类的文明道德能够更加融合与进步。在此基础上，催生出更多的人道主义观点，如平等、友爱。

因此，要想顺利建立和发展新型的人道主义观念，就要在发展经济的时候更加倡导公平和效率，因为这些是推动社会进步的基本动力。综上所述，经济的发展与人道主义的关系是相辅相成、共同发展的。

（三）人道主义对经济现实的超越

根据前面的阐述我们可以知道，所谓的人道主义就是自然人和他们超越的可能性所构成的一种二重性。人只有冲破或者是不断超越自己的环境才能走向更加进步的社会，使人类社会更加发展，同时也提升人类的道德文明。

作为一种意识形态，人道主义是一种建立在经济基础之上的，同时又具备一定的超越性和独立性，对于经济基础来说，更具能动性，属于上层建筑范畴。首先，在从事生产的过程中，生产出来的大量商品为人类提供了大量的生活资料和物质资本；其次，在积累一定的生产资料或物质资本以后，人的精神生活同样也是一个非常重要的思想阵地，人们需要得到精神上的满足。

精神分析学家马斯洛在经过长时间的研究分析之后发现，人的需求并不是一成不变的，而是在不同的阶段有不同的需求，他认为，人的需求有五个层次，分别是生理需要、安全需要、归属与爱的需要、尊重需求、自我实现需求，这五个需求层次是逐级发展的。他认为超越于生命的精神价值是人道主义科学的研究和技术的对象。人道主义不仅仅是要求人满足生理需要这个层面的个性发展，而是希望人本身作为目的自由而全面地发展，而不是让物质利益的满足成为生活的主要目的。因此，人道主义具有对物质利欲的超越性。关于人道主义的超越性可以追溯到古希腊哲学家对人的发展的阐述。最早的快乐主义的代表德漠克利特主张生活的目的在于追求高尚的精神生活，要求人们在一定物质条件的基础上追求精神方面的快乐。他认为如果对财富的欲望到了没有厌足的地步，人就会变得比贫穷更为难堪。

可以这么说，一直到今天，大量的物质财富的产生与存在正是因为资本主义的存在。这种主义虽然一定程度上解决了人们的物质贫困问题，但有一个问题不得不面对和解决，那就是存在于资本主义中的全新形式的剥削、奴役以及对人性的不同程度的压制。在这种环境中生存的人们失去了真正的自由。不管科技有多发达，自动化的程度有多高，它们共同组成的工业社会实际上就是一个大型的运转机器，组成这架机器的既有人也有物，也就是说不论是人还是物，都是被管理的对象。人们在创造产品的时候实际上是自我的一种牺牲，这也正是人道主义在发展的过程中所面临的新的问题。

一定程度上讲，人道主义认为一个人的自由和幸福是至高无上的，这也是人道主义的追求，但这并不是人道主义将单一个人的幸福与自由放置于所有事物的最中心，这也就是人道主义的超越性，也就是说群体的幸福与自由，或者说国家或人类共同的幸福与自由才是人道主义的最终追求。是广义的人道主义当中，全人类都应该有这样一个共同的意识形态。这也就说明人道主义具有一定的普遍性，它应该代表所有人的利益与自由。

人道主义的先驱者或者说人道主义的最早代表者就是柏拉图，他在自己的著作《理想国》中就认为，在治理一个国家的时候，首要的目标也是最重要的目标就是要实现全民的幸福，而不是部分人的幸福。康德也有相同的观点，他认为，所谓的人道主义，就是人们彼此之间能够都平等而郑重地视对方为人，并以此为目的而形成的王国就是人道主义。但实际上，这种普遍的或者说存在于众生之间的这种爱，在现实生活中很难实现，更别说西斯蒙第所生存的年代。

这样我们也就能理解为什么西斯蒙第对于自己无法在当时实现自己的人道主义理想而产生的愤懑或者说是无奈，基于当时的经济现实，他力斥当时社会罪恶的勇气也值得我们敬佩。在阶级社会中，在生产力没有获得充分发展的社会中，人们之间的剥削和对抗关系是不可能消除的，当然人道主义的这种人类之爱的普遍性就不可能得到实现。

然而能否因为物质匮乏而导致的剥削对抗、无情竞争状况的存在就否定人道主义的普遍性呢？当然不能，强调人类之爱的普遍性是人道主义的应有之义，虽然人道主义的实现依赖于一定的经济基础，人类之爱的实现受制于物质条件和时代的局限性，但是作为一种道德理想和价值目标，真正的人道主义具有一种对时代、物质条件、阶级局限的超越性，它强调人生的种种可能性的更充分的实现，而自然和社会的进化赋予人以创造性、想象力和信念，具有对实现人道主义这种潜在的美和完善不断进行探索的能力，正如进化论人道主义的中心信念所认为的那样："生存是能够改进的，未开辟的巨大可能性是能够越来越多地实现的，更大的满足能够代替失败挫折。这个信念现在有知识作为它的牢固基础，而它本身又会成为行动的牢固基础"。

可以这么说，对于人道主义来说，不管是宗旨还是核心，都认为一个真正的完满的社会，应该将人放在中心或重心位置，并成为社会人的一种信念而进行传播和发展，最终为实现这个理想而进行不懈的奋斗和努力。要想使人道主义得以实现，一个重要的条件就是要有理性的外界环境，因为只有这样作为普遍的人类之爱的人道主义才具有跨越经济现实的超越性。

而西斯蒙第所提出的人道主义实际上是对当时社会环境的一种抗争和超越，在当时的经济现实中，他发现了隐藏于繁荣表面之下的黑暗与抗争，因此，他想要通过推广人道主义，来引导人们去追寻和探索这种理性的人道主义。因为人道主义对经济现实的超越，从整体看本身就代表着经济发展的最终所向。这就是我们今天为什么重提西斯蒙第伦理人道主义经济伦理思想的积极意义的原因。

二、西斯蒙第经济伦理思想的核心

伦理人道主义是西斯蒙第经济伦理思想的核心，西斯蒙第经济伦理思想的人道主义主要表现在如下两个方面。

（一）从人的需要出发来确定社会生产总过程的优先地位

西斯蒙第认为人从出生的那一天起就已经产生了某种需求和愿望，并希望外界能够提供或实现，与此同时，任何一位来到世界的个体也都拥有满足自身愿望或需求的相关技能，当个体成长到一定阶段的时候，他所获得的都是由自己的技能所创造，而这些获得应该属于个体愿望或需求的一部分。这也就是所谓的以人为本，西斯蒙第认为这是社会生活的根本所在，并在此基础上对社会生产过程进行探讨，而消费就处于这一过程的第一位置。这里的消费实际上就是一种对个体愿望和需要满足的过程，它与劳动技能的关系实际上就是消费和生产的关系。愿望的满足需要劳动技能作为一种手段来创造财富，反过来将劳动技能需要不断增加愿望和需求来提供不断精进的动力。

为了进一步说明这种关系，西斯蒙第继续阐述道：“任何人起初都是生产自己要消费的东西；由于他了解自己的需要，便根据自己的需要来安排自己的劳动。……而且每个人在生产的时候，必须考虑到整个社会最迫切的要求，因为他的劳动果实就是为满足这种要求的。”所以，消费是生产的动力和目的，生产应服从消费，从而确定了消费对于生产的优先地位。而这一问题对李嘉图和萨伊来说，情况正好相反，他们认为生产在创造消费人类的需求和希望是没有限度的，需求是生产提高的必然结果，在生产和需求之间有着必然的平衡，而没有看到无限度生产给社会和工人群众带来的破坏作用。在西斯蒙第看来，人首先是消费者，不仅仅是按照自己的需要来生产，消费决定生产，而决定消费的是消费基金即收入的多寡。“社会里的人应该使自己的消费适合自己的收入。”收入的多少又决定财富分配的多少。紧接着，西斯蒙第指出财富分配所得收入必须和人口的增减保持一定的比例关系，否则，社会便陷入灾难之中。

从人道角度出发，西斯蒙第认为人的健康不仅有身体方面的健康，还有心理方面的健康，因此他反对无限度地生产，因为生产的目的是为了满足个体的需求和愿望，是为了休息，当处于一种无限生产的状态时，个体的需求和愿望是无法进行满足的。个体的满足分为两种，一种是身体方面的满足，一种心理方面的满足，这也是社会公民拥有的最基本的权利和自由。

通过对资本主义进行考察，西斯蒙第认为在资本主义社会中，无限度生产是不平等不断发展不断加深的原因。无限度的生产严重侵害了工人群众的身心健康，而劳动生产力无限生产的结果，只能是助长无所事事的富人们的穷奢极欲而已，从而扩大富人和穷人的贫富差距，这是不合理也是不公正的。[①] 他认为这一切都是不公平、不合理的。他从工人群众的幸福、权利出发，指出了无限度生产所带来的危害。西斯蒙第在论述生产、消费和收入之间的关系时，强调三者相互比例要均衡，他认为在资本主义经济条件下，三者均衡遭到破坏，就会产生生产过剩和经济危机，因此生产要有比例协调发展，否则会给国家带来灾难。

西斯蒙第认为无论个人或全社会的幸福，都不在于生产和生产的发展，而在于所创造的财富的合理使用和公平分配。由于斯密经济研究的中心是资本积累和财富增殖之间的相互关系，至于资本积累对于财富分配的影响问题，则被他看作一个次要和附带的问题。

在西斯蒙第看来，分配问题不仅仅是个经济理论问题，而且是个伦理问题。这个伦理问题的公平性在于分配应该在一切参加生产的人中进行合理分配才能使人们得到幸福。西斯蒙第驳斥了资本主义分配，认为这是不公平，是一切罪恶的原因。西斯蒙第针对政府从穷人的收入征税的现象提出了批评。他认为在资本主义经济条件下工人阶级的工资仅能勉强维持生活，再向得不到任何享受的穷苦的工人要钱来维持对他们毫无保证的秩序和正义，而把穷人的地位贬低到使他的收入不能超过他们生活所需，这种剥夺实在是太不合理了。西斯蒙第指责道："根据人道的原则，应该说最重要的是永远不能使赋税触及纳税人生活所需的收入，因为如果社会组织这样剥夺了纳税人的一部分生活所需，使他挨饿，还要向他侈谈什么社会组织中的享受，那就极其荒谬了。"由此，他寄希望于国家站在公正的立场出于人道主义的求助和干预，来医治资产阶级社会的重病。他说："国家的利益绝不是工厂主的利益，而是把生产所得的利益在一切参加生产的人中进行合理分配，国家的利益要求劳动所生产的国民收入，由各阶级来分享。"

由于在任何一个社会当中都不可避免地会有贫富差距，一定程度上讲，处于贫弱一端的工人群体实际上属于一种弱势群体。基于道义和同情，西斯蒙第认为国家的福利事业应将其作为救助对象，通过对他们的救助，使这种不公平或不正义的现象得以减弱或消除。这都充分显示了他作为一位伦理学家的气质。西斯蒙第从人民群众的感情需要出发，看到了需求对生产的重要作用，这也是他把消费列为社会生产总过程优先地位的原

① 西斯蒙第指出"如果剥夺穷人的童年和老年的休息，如果剥夺短工夜间的休息而让他劳动，如果为争取生活资料的奔波被剥夺了参加宗教仪式的时间，那么，干这些事情的同时也必然给富人纸醉金迷的生活平添新的享受，助长他们的懒惰，使他们能够吞噬新劳动所生产的一切产品。"

因，至于其不科学性，以后再论。但他能从人的立场出发，强调人人都有追求利益和幸福的平等权利，强调每个阶级的人都有分配自己财富的权利，具有平等观念，这同古典学派盲目地强调大机器生产的机械教条味是不同的，从而赋予西斯蒙第的经济理论一种浓郁的人情味。

（二）从人民群众的利益出发，抨击资本主义大机器生产

在西斯蒙第的经济理论当中，他假设生产和消费是一种平衡的状态，在生产和消费两部分中，西斯蒙第更看重消费的能力，他甚至认为消费有时候甚至要先于生产，只有这样才能刺激生产的进行。而危机的产生实际上就是用于购买产品的生产收入低于生产，也就是消费低于生产，换句话说就是供需失衡，这一切都是由于资本主义自由竞争引起的扩大再生产造成的。而生产主要是由于机器的增多而进行的，随着大生产的发展，机器排挤工人，工资下降，城乡小生产者破产，而产品堆积如山，工人却无购买能力，食不果腹，处于悲惨的境地。看到这些灾难，关心贫民百姓生活的西斯蒙第不能不表示悲愤。由于技术进步，推动了大机器生产和分工的发展，在李嘉图眼中，这种工业革命促使着社会生产力的巨大发展，而只要有利于社会生产力的发展，牺牲小生产者和工人阶级的利益，对他来说都是在所不计的。

但在西斯蒙第看来，大机器生产使工人成为机器，机器可以代替工人，排挤工人，而分工则使“人们的智力退化了，体力衰弱了，健康和活泼也受到了影响，失去了一切他可用以生产财富的力量。”在机器生产和分工的条件下，工厂工人的全部活动成为都单调的操作，势必有碍工人的发展。“他们即被剥夺了使生活有意义的一切享受，同时又被迫过一种缺乏道德的生活，这是一种不幸……”在西斯蒙第看来，如果劳动分工和机器大生产使无数的人失去了精神生活的享受，那么这是一种惨重的代价。他认为当技术的一种发明提高了人的生产能力以后，就应该希望不使这种发明转而危害它所应为之服务的人。西斯蒙第是从大机器生产和技术进步给工人群众带来的深重灾难的现实状况出发，批判了资本主义大机器生产和技术进步的负面影响。也从而使他从小生产者的破产和工人的贫困中发现了资本主义矛盾和危机的必然性。因此他在一定程度上反对资本主义生产方式，反对大机器生产和技术进步。

但一般说来，西斯蒙第并不反对技术进步，他还是欢迎技术发明而指责落后和停滞不前的，他在指出技术进步所带来的负面影响时说这是文化进步不可避免的结果，同时指出：“那么，能不能就断定说，凡是节约劳动力的技术发明都必定是对某些人有害吗？正是通过这样的发明，人类的

劳动才能满足自己的需要，才能很快地满足自己的欲望。……每一项提高人类劳动能力的技术发明都是有益的；但是只有按它和消费的比例来应用才会有益。”

随着科技的进步，代替人工的机器开始大量出现，社会生产的分工也越来越细，对于这一点，西斯蒙第是非常认可的，他认为这是一种进步的表现，这是一种更加经济的方法，一方面减少了工人生产，另一方面还增加了产品的生产，促进了财富的积累和社会的繁荣。他认为“这些生产方法就是我们今天用科学力量这个名词所概括的一切，这样的生产方法通过比人力大得多的代理者，完成人类单靠自己的力量永远不能完成的工作。”从而肯定了技术进步的作用。西斯蒙第站在客观公正的立场分析了技术进步的“双刃剑”效应，仍然立足人本身，去考虑到各个阶层人们的利益，并希望增进人类利益的普遍协调和进步。在他那个时代，大机器生产所造成的贫富悬殊，给广大人民群众带来了深重的灾难，西斯蒙第无疑是站在大多数人的立场来看待这一切的，对无辜的人民群众的苦难表示了深深的同情。而古典学派认为机器是有益的，它能提供廉价的商品，在某种程度上能够创造对劳动的需求，因此对大机器生产所造成的苦难，抱着镇定沉着的态度。

通过对经济学和历史学进行深入的研究，西斯蒙第更加认知到了普罗大众就承受的苦难，他从社会伦理的角度对大机器的生产提出抗议，他想通过自己的努力让大众能免受大机器出现而承受的苦难。当然这并不意味着西斯蒙第反对技术进步，但他更希望的是社会或者是技术的进步能与大众的切身利益协调好，只有这样，才是更有利于社会发展的。

第二节　西斯蒙第人本主义经济伦理思想的主要内容

一、社会经济发展的基本伦理准则

西斯蒙第作为西方经济思想发展史上第一个强调以人为本的经济学家，主张经济学应该是研究人们福利的科学，更强调经济学是研究所有人生活福利的科学，这与古典经济学家的思想就有很大不同。

（一）以人为本的经济学研究目的

在西斯蒙第的观点当中，他始终将人放在了首位，他认为不管政治经济学怎样发展，其真正的目的就是要为人类服务或者是为了人类的物质福利服务，而不应该将财富放在首位。他认为高级政治学与政治经济学组成了政治学，因而，政治经济学是政治学的一部分，所以，政治经济学的目的就要与政治学的目的一致。他说“政治学的目的是或者应当是为组成社会的人谋求幸福。它寻求使人类得到符合他们本性的最大福利手段。”西斯蒙第指出，财富只是人类物质享受的表征，是人们获得物质幸福的手段。他说“从政府的事业来看，人们的物质福利是政治经济学的对象。人的一切物质需要都要依靠人们通过财富得到满足。”

西斯蒙第把人的生活福利作为社会经济生活的伦理准则，是对经济学研究目的的深刻把握，反映了他对人民利益的关心，虽然，在当时的历史条件下，这也只是一种美好的愿望，根本不可能实现。但是，他对主流经济学家唯财富论的这样一个修订，突显了他经济学中的人本主义思想，具有划时代的现实意义。当然，他所说的人不是在一定生产关系条件下的人，而是一种抽象的人。这种人只存在西斯蒙第的想象里，西斯蒙第正是依据这种人的需要，把它看成是正常的自然的东西，是应当存在的东西，并要求现实经济生活符合它。西斯蒙第不去科学地分析资本主义社会的发展规律，而是用小生产者的需要和愿望作为评价社会经济生活的准则，只是诉诸道德和感情。他认为政治经济学只有注意到人们的情感、需要和热望时，它才达到目的，而不能单纯将其认为是计算的科学，严格意义上来说，政治经济学实际上是一种伦理道德的科学。在这里，西斯蒙第认为斯密的方法过于抽象，并提出了有针对性的批评。但我们不得不提的就是他自己也采用了一种与斯密差不多的方式进行研究，更倾向于唯心主义，也更加主观。

（二）经济学要关注所有人的生活福利

在西斯蒙第的认知当中，他始终认为社会经济的发展不仅仅是为了让少数人致富，而是要将全社会人的福利放在首位。[①] 这就说明了他对政府

① 西斯蒙第认为如果立法者既不忽视少数人的发展，又不忽视所有人的幸福，如果他组织成这样一个社会，其中不但少数人享尽荣华富贵，他们的聪明才智得到充分的发展，而且，其他所有的社会成员都能得到保护、受到教育、精神焕发、物质充裕，那他才算完成了自己的任务。毫无疑问，这是天下最崇高的一项任务。

的要求是要保证所有人的幸福，他认为，政府是为所属的全体人民的利益而建立的，所以，它必须考虑全体人民的利益。在他看来，某个国家里，如果广大人民群众经常感到匮乏，生活极不稳定，意志被挫折，精神被斫丧，人格被贬低，即使上层阶级获得至高无上的人类幸福，充分发挥，一切才能，享有一切公民权利，享尽人间的乐事，这个国家仍然是一个不民主、不完善的国家。他认为，财富既然是人的物质享受的标志，我们就应该使它给所有的人带来幸福，我们必须使财富的增长跟人口的增长相互一致。在这些人口之间进行财富分配时必须依照这样一个比例，即如果没有特大的天灾人祸，他们不会为生活所苦。西斯蒙第批判斯密的经济学是只利于富人更加富裕的学说。他认为斯密只是考察了富人财富总量的增加，没有区分富人增加财富的方法，“富人能够增加自己的财富，他们有时用增加新产品的方法，有时窃取原来应该属于穷人的一大部分财产。”这样，在西斯蒙第看来，斯密的学说虽然为市场经济的发展起了很大的推动作用，促使社会生产力飞速发展，但是，在社会各阶层人民中也产生了巨大的两极分化，它使得富人更富、穷人更穷。富人们穷奢极侈、挥霍无度而广大的劳动人民贫穷、潦倒。“在城市，在首都，在有最豪华的车辆风驰电掣络绎不绝的、海德公园周围的街上，十个一群、二十个一伙的产业工人带着失望的神情四肢无力地在那里愣愣地坐着。但是，他们引不起人们的丝毫注意。”

西斯蒙第认为，通过对经验的研究和探索，有些权力是有必要进行保护的，因为考虑到大众的温饱和享受，这也是一个国家发展的最终目标，所以才有这样做的必要。西斯蒙第的这种做法也是为了纠正斯密的错误观念，他主张应该维护弱者的切身利益。西斯蒙第关于经济学要为了所有人的生活福利的经济伦理思想，只能是小生产者的一种美好愿望，在实践中根本行不通。虽然这很大程度上是西斯蒙第个人为广大劳动人民和弱视群体的发声，但落实到现实生活中却面临重大的实践挑战。社会伦理道德还没有实现完全的理性，公民的个人素质也还没有达到人道主义所要求的高度。

对于现代经济学家来说，西斯蒙第的这种关注和思想对他们的学术研究和实践都产生了非常重大的影响，后人也很好地继承和发扬了西斯蒙第的这种思想。诺贝尔经济学奖获得者阿马蒂亚·森在其《经济学与伦理学》一书中表示，如果社会中境况最差者的境况有所下降，是不能认为实现了一定社会改进的。他主张要对社会最底层的劳动人民给予关怀，认为经济学家不能只关心财富的增加，更要关心财富的公正分配。这些思想都与西斯蒙第的经济伦理思想基本一致，可见其经济伦理思想的价值。

二、社会经济和谐的关键

（一）利己主义是对他人利益和社会利益的破坏

在我们都耳熟能详的、著名的经济学家亚当·斯密和萨伊都认为，社会利益和个人利益在某种程度上存在一定的一致性，因此他们非常推崇个人利益，这也是资本主义社会的一个显著特点。亚当·斯密在自己的著作《道德情操论》和《国富论》中将这种利己本性的基本理论做了全面阐述。

在《道德情操论》中，斯密把基于个人利益的利己主义称为“自爱”，他指出，支配人类行为的动机有自爱、同情心、追求自由欲望、正义感、劳动习惯和交换倾向等。人们的自爱本性是与同情心相伴随的。在斯密看来，任何一个人从他出生的那一刻起，他主要和首要的关心对象就是自己，这是毋庸置疑的，因为对于自己来说，最了解自己以及寻找最适合自己的那个人就只有自己，因此在基于自己的前提下，这样做也是非常充分和必要的。与此同时，亚当·斯密还说虽然人的天性是自私和贪婪，将自己的方便放在首位，他可以为了自己的欲望让千百人来为自己劳动，但他们还是同穷人一样分享他们所作一切改良的成果。一只看不见的手引导他们对生活必需品做出几乎同土地平均分配给全体居民的情况下所能做出的一样的分配，从而不知不觉地增进了社会利益。

在《国富论》中，斯密更是把追求个人利益作为人们从事经济活动的出发点，而从利己主义出发来从事经济活动的人，也就是斯密所假设的“经济人”。他认为人们每天所需要的食物和饮料，不是出自屠户、酿酒家或烙面师的恩惠，而是出自他们自利的打算。斯密通过说明个人自利在一定条件下的道德合理性和道德正当性而得出结论：追求个人自利有助于他人和社会利益，个人利益和社会利益是统一的。他说明了仅仅出于自身利益考虑的个人自利活动就可以由此形成一种繁荣富裕的社会状态与协调和谐的社会秩序。正是在论述为自身利益所驱使的人类天性是推动人类历史发展的动力时，斯密提出了著名的“看不见的手”的论断。据此，他对富人的看法是积极的。他反复强调了“看不见的手”的论断。他认为，任何一个人在追求自己利益的时候，他根本就不会顾虑到我们经常所说的什么公共利益，他甚至不知道自己一定程度上的工作对哪种利益有所促进。他不会考虑到自己工作的产业是国内的产业还是国外的产业，他的所有的思维和作为都是为了保证自己自身和资产的安全，或者通过自身的行动将自己所有物的价值发挥到最大，他所有的盘算和思维都是以自己为出发点和中心点。在这一点上或者说在与此相关的很多点上，有一只“看不见的手”指导着他的行为和思维，让他尽自己最大的能力去完成自己设定的目标。这就是说，不是出自本意就会对社会产生危害，他在追求自己利益的过程中，由于利益的促使以及自身对未来美好生活的向往，他所做出来的成就或者说对社会产生的利益有时候比出自自己本意的追求产生的社会利益更大。

可见，在斯密看来，个人的自利不仅会改善他自身的境遇，而且还能够提高他人的生活水平，满足他人的多样化需求，促进全社会的繁荣富裕。因此，个人利益和追求自身利益是合道德的、善的，个人利益与社会利益、他人利益是统一的。

法国经济学家萨伊与西斯蒙第生活在相同时代，但他的观点却是以斯密的理论为依据，他将自己定义为通俗系统的作家和斯密理论的解释者，可见他对利己主义的看重与维护。他在论述“资本的形成和增加”的问题时说“侥幸得很，利己主义会使人们不断警惕着保护自己的资本，因为资本一旦撤出生产领域，收入势必相应地减少。”他认为，“有些真理完全是自明的，不需要什么证明。下面就是这种真理之一。安稳地享有自己的土地，资本和劳动的果实，乃是诱使人们把这些生产要素投入生产用途的最有利的动机，谁会否认这个道理呢”显然，他对利己主义在投资中的作用是给予充分肯定的。在商品流通和资本周转方面，他认为利己主义的作用也是很大的①，在分析对比了为什么在英国和法国，那些不受行会制度约束和政府的横加干涉的自由城镇总是比与之相反的城镇更加繁荣和兴旺发达之后，他总结道“理由很简单，利己主义是最好的教师。”可见，萨伊是利己主义的忠实维护者。但是，他为之坚持的利己主义绝不是不顾社会约束的、极端自私自利的利己主义，而是一种理性的、生财有道的利己主义同时，他所坚持的利己主义也是指个人有权利争取和捍卫自身的正当利益。

西斯蒙第对斯密、萨伊等人关于个人利益的观点进行了尖锐的批判。他认为，在资本主义社会里，个人利益与社会利益是相互冲突的，追求个人利益会最终导致利己主义，而利己主义的本质是弱肉强食。他虽然也承认每个人在天性上都更加关心自己的个人利益，而每个人的利益就是大家的利益，但是，追求个人利益的后果就是走向破坏他人利益、社会利益。

① 萨伊认为：“刺激流转的最有力因素，乃是一切阶级的人特别是生产者本身想尽量减少所使用资本的利息负担这个自然愿望。”

针对斯密所主张的个人利益和社会利益的一致性，追求个人利益会促进他人、社会的利益，他反驳道："包括在所有其他人利益中的个人利益确实是公共福利，但是，每个人不顾别人的利益而只追求个人的利益，同样，他自己力量的发展并不包括在与他力量相等的其他人的力量之内于是最强有力的人就会得到自己所要得的利益，而弱者的利益将会失去保障。"所以，在他看来，个人利益乃是一种强取的利益、个人利益常常促使它追求违反最大多数人的利益，甚至归根结底可以说是违反全人类的利益。

在西斯蒙第经济伦理思想中，一个很重要的部分就是对利己主义的批判，他通过对社会的深入研究之后发现，在资本主义社会中，由于资本与生产消费之间的特定关系，个人利益与社会利益最终统一的机率几乎为零。这种观点在那个特定的历史时代有它的合理性，也是西斯蒙第对现实生活的科学认识。有些人认为西斯蒙第否认了个人利益与社会利益的统一性、否认了正当的个人利益追求，从根本上来说是完全错误的。对此，我们如果把西斯蒙第的经济伦理思想放在他所处的那个特定时代，也就不会有这样的看法了。

当然，西斯蒙第的这种想法在一定程度上是幻想和浪漫主义的，因为在当时的资本主义社会里，保证所有公民的平等或一视同仁，在一定程度上是不符合资本主义现状和发展的，他的这种思想也只是一种柔性的呼唤。这样，他对资本主义道德沦丧和尔虞我诈的深刻揭露、对弱肉强食的利己主义的批判，就只好通过人的道德良心来进行。

（二）同情心是人类的共同道德本性

西斯蒙第认为，经济学家不仅要有理智，而且还要讲究道德良知。他认为在经济学的研究中，要反对利己主义就要本着同情心去保证他人利益。他有关同情心的思想理论主要受了斯密与卢梭的同情良知思想的影响。

1. 继承和发展亚当·斯密的同情思想

斯密从同情心出发，通过"道德人"和"经济人""同情心"和"利己心"的矛盾历程，建立了他的情感主义伦理学。在斯密那里，同情首先是作为人的一种道德本性或道德天性而存在的。

后来，斯密又把同情加以普遍化，把同情看作为任何感情的同类相应，使同情成为同感，成为一种心理上面的想象力，淡化了其原有的道德性质和道德色彩。斯密在《道德情操论》的开篇就说"无论人们会认为某人怎样自私，这个人的天赋中总是明显地存在着这样一些本性，这些本性使他关心别人的命运，把别人的幸福看成是自己的事情，虽然他除了看到别人幸福而感到高兴以外一无所得。这种本性就是怜悯或同情，就是当我们看到或逼真地想象到他 人的不幸遭遇时所产生的感情。……最大的恶棍，极其严重地违反社会法律的人，也不会全然丧失同情心。”他认为同情观念更多的是运用于有关他人的灾难或不幸的遭遇，基本上是与“怜悯”和“体恤”同义。在这一层面上，同情是人人具有的一种道德本能。西斯蒙第把斯密的同情论加以继承与发展，建构了他的人道主义经济伦理思想。西斯蒙第在对自己所处的社会环境进行仔细考察后，感觉到资本主义的发展也给广大的劳动人民带来了深重灾难。在“论领土财富和农民的生活状况”中，他对农民的悲惨生活进行了沉痛的描述，最后，他深情呼唤“多关心你们的农民吧，因为他们既是国家中人数最多的又是最重要的阶级，审慎的政治经济学应该满足这个阶级。最大的幸福农民又是这样一个阶级，有时在危险的财富学的驱使下，贪婪使之蒙受过很多痛苦。”西斯蒙第站在慈善主义与人道主义的立场，对工业革命所产生的种种弊端也进行了深刻揭露和批判，呼吁对劳动人民给予同情。西斯蒙第在对斯密同情论的研究中感觉到，仅仅抽象地谈论同情心还是远远不够的，还必须把它作为社会伦理准则贯彻到社会现实中去。他不同意斯密的关于个人自利能够给他人、社会带来利益的理论。他认为追求个人自利只能带来小资产者和农民的破产。西斯蒙第认为只有限制利己心，发扬仁爱、利他的同情心，才能达到个人利益与社会利益的统一。西斯蒙第始终把斯密的同情心贯彻到社会伦理、立法者的道德、国民财富的起源等理论中，对资本主义社会制度下社会组织、自由竞争、人口过剩和分配不公等现象作了淋漓尽致的批判。

2. 继承和发展卢梭的同情良知思想

西斯蒙第人道主义经济伦理思想，深受卢梭的“纯自然感动”的同情良知思想的影响。卢梭认为，在我们的灵魂深处生来就有一种正义和道德的原则，我们在判断我们和他人的行为时就要以这个原则为依据，这个原则就是良心。由于我们有天生的良心，所以，我们就爱善，我们就求善避恶。这种情感对个人来说，是对自己的爱、对善的追求、对痛苦的忧郁。对自己与他人的关系来说，就是爱人。他认为人不仅要爱自己，凭良心，还要爱他人，避免损人利己的行为。卢梭的良心观强调自爱与爱他人结合起来，反对经验主义者认为人是为了个人利益才赞助社会公共利益的。西斯蒙第在研究土地制度、人口、宗教和立法、商业和贸易、国民财富的形成等问题时都与卢梭的道德良心论一脉相承。他愤怒地谴责富人阶层欺压劳动人民的暴行，抨击资本主义制度给穷人阶层带来的深重灾难。

他说“野蛮时代常常饿死的猎人也不像经常被工厂解雇的成千上万户家庭的遭遇那样悲惨，因为前者至少一生还保有他应付危难的全部能力和智慧。假使野蛮时代的猎人由于没有找到猎物而饿死了，那是自然界的必然现象……犹如必须承受疾病和衰老一样。可是，和妻子儿女一起被工厂解雇的工人事先就失去了自己的精神力量和身体力量，他周围是一片荣华富贵，张眼可以看到处处摆着他所需要的食物，不让他们终生从事劳动以换取面包的是那些有钱的人，所以，他谴责的是人，而不是大自然。”

西斯蒙第希望在“同情良知”基础上为政治制度建立良好的道德准则，这也与卢梭的“社会契约论”思想一脉相承。卢梭认为，契约是合法权利的基础，也是正常的政治制度的基本原则。社会契约的根本任务和目的，就是通过人民以社会契约的形式组成的政治共同体，保障每个结合者的利益和权利。西斯蒙第也认为，政府本是为了所属的全体人民的利益而建立的，因此，它必须经常考察全体人民的利益，正如应当利用高级政治向一切公民广施自由、道德和文化一样。政府应当设法维护社会秩序，使富人和穷人都享受丰衣足食的安宁生活。

正是由于见识到了资本主义社会中的尔虞我诈和道德沦丧，才激发了西斯蒙第想要改变，从而使西斯蒙第的“道德良知”“同情心”的思想得以诞生。他把自己的竞争对手描绘为狡猾的、钻营的、拉人下水的骗子，利欲熏心的出卖灵魂的人图谋不轨的、没有心肝和丧尽天良的、离经叛道和肆意出卖社会利益的投机贩子、高利贷者、奴才。所以，他深情呼唤资产阶级要有同情良知，要有“同情”“怜悯”劳动人民的思想情怀。这反映了他对生活在社会底层的劳动人民的深切关怀。

同时，西斯蒙第的同情心的思想也是他对资本主义的无限制的自由竞争和追逐个人利益的一种抨击，他认为，一切罪恶和祸害的根源就在于此。所以，他认为只有发扬“仁爱”和“同情心”，才能使广大的人民得到真正的幸福。由此看见，西斯蒙第的“同情心”思想是他对当时资本主义社会现实生活的深刻把握，有其历史的依据，是他对保障劳动人民现实利益的深情呼唤，体现了他经济伦理思想中的人道主义倾向，有其理论的闪光点。当然，西斯蒙第的“同情心”的思想也只是一种抽象的人性理论，仅仅是他对资本主义社会道德沦丧的一种“感伤”的批判，因而也就还停留在经济浪漫主义思想的层面，所以，在现实生活中是根本行不通的。

三、社会经济危机和贫富分化的根源

（一）市场自由竞争引发社会经济危机

斯密认为，人们只有经济自由才能有经济活动，且这种经济自由是培养人们良好道德的不可缺少的因素之一。萨伊除了对政府直接干预企业自由经营予以否定外，还否定政府通过自己生产经营来间接干预社会经济的做法。李嘉图也认为，经济自由可以使个人与社会利益走向融合，为生产力的发展提供良机。而西斯蒙第却坚决否定所谓的自由竞争，认为经济上的自由主义归根结底是社会经济危机产生的原因之一。首先，市场自由竞争是盲目的，容易使社会资源流失，伤害到劳动人民正常的利益获取。他认为，在市场自由竞争因素下，人们无法辨别生产与消费的基本情况到底是不是正确的，于是，生产必然也不能摆脱盲目性。他在“关于市场的知识”一节中，认真地解释了市场自由竞争也许会引发的生产盲目性，大意如下：社会人是为市场而劳动的，一定要对市场需求和市场范围有所了解，因此，个人一定要把自己所具备的关于能力与需要的知识变成对市场的认知。他认为消费者数量的多少、消费的量、喜好以及他们的收入状况，共同组成每个生产者为之劳动的市场。可是，消费者的喜好不是固定的、消费者的收入也用处各异、消费者数量的多少与收入也并非稳定，所以，要全面认识和估计市场上的这种波动绝对不是那么简单的。对于每个生产者而言，这种困难更大，因为，并非可不是每位生产者都知道其他商人数量的多少和确切的购买力，以及要和他竞售商品的竞争对手……因为谁都不了解自己对手的力量，因此常会高估提前就定好的目标。因此，市场自由竞争的盲目性就显现出来了。这样，“每一个人在进行个人目的追求时，察觉不到整体的利益，也不能对自身行为有明确把控，使之满足所有人的需要。”所以，他认为生产的规模要根据具体需要来定，表示“生产要随需要的比例而相应地增减，这已经成为政治经济学中的一项定理。”如果只知道扩大生产，就免不了给他人造成一些损害。他认为“政府最好不要贸然提倡生产，它应该对盲目的热情予以一定监督，因为，这种盲目的热情常对本国公民没有丝毫帮助，而且对别人来说也是不利的。”认为盲目的生产也许是与政策不相符的，要不就与人道是不合的，除了未能有效地使社会财富提升，而且还会让资源浪费和财产损失。

西斯蒙第还认为，没有任何限制的自由竞争会破坏市场供给和需求的平衡关系。他发现无限制的自由竞争产生了这样一对根本性的矛盾：一方面是生产力和社会财富的无限发展，另一方面是劳动群众只能获得最低限度的生活必需品，供给与需求脱节情况非常严重，生产过剩的经济危机就必然会发生。

古典主流经济学家李嘉图与萨伊等都提倡自由竞争，认为“供给会自己创造自己的需求”，这样就可以保证供给和需求的平衡，所以，他们都不承认普遍存在的生产过剩的经济危机。李嘉图认为，每个人进行生产皆是为了消费或销售，或者购买他认为有用、有益于未来生产的某种其他商品。因此，一个人如果进行生产，他不是变成自己商品的消费者，就一定会变成他人商品的购买者和消费者。所以，供给与需求总体而言是相等的，不会发生普遍的生产过剩的经济危机。萨伊对自由竞争的价值颇为认可，不承认自由竞争是造成市场供给与需求失衡的罪魁祸首，始终相信“生产会给产品创造需求”，后人常说的“萨伊市场定律”就是他这一观点的某些反映。他认为一种商品总是用另一种商品来购买的，“一种产物一经产出，从那时起就给价值与它相等的其他产品开辟了销路。”虽然在某些地方供给会暂时超过需求，不过，在价格与利润的自动调节下，供给和总需求到头来终归平衡。他认为，除非有更为激烈的手段，要么有特殊事件发生，如自然灾害、政治变动或等，或者政府当局愚贪，不然的话，一种产品供给不足而另一种产品却过剩的状况决不会一直都在。在他看来，若完全不对生产施加影响，一种生产基本上不可能超过其他生产，一种产品也不会有过于便宜而不符其价值的情况发生。

在资本社会里，因为市场竞争的存在，基本上每位资本家都想要通过压低生产费用或减少工资来提高利润。因此，西斯蒙第认为，资本主义自由竞争让生产与消费有潜在矛盾，这种潜在矛盾就是当财富有所增长的同时，人民的贫困也在增长，社会生产力增长了，但人民的消费未能同样增长，这才是资本主义不变的矛盾。正是这种生产与消费或供给与需求之间的矛盾，资本主义制度下的经济危机的爆发成为必然会发生的事情。由于不顾有支付能力的需求而盲目地发展生产，肯定会让产品寻不出销路，即产品供给大于需求，此时会出现生产过剩。

（二）市场自由竞争会造成社会贫富分化

西斯蒙第经长期研究了解到，在资本主义社会里，因竞争造成的优胜劣汰是造成经济危机的原因之一，还是造成社会中贫富差距持续扩大的主要原因。一方面，社会财富慢慢集中于少数私有者手中，另一方面，穷人的收入一天天减少，消费水平日益下滑。这样，富人和穷人的消费水准差别逐步阔大。“富有的家庭吃的必是珍肴美味”“九十九户贫困家庭吃的是马铃薯和奶酪……”因此，西斯蒙第表示，要使工业和人们劳动产品的销售额提升，并非是使富人的收入增加，必须是使穷人的收入上升才行。但是，自由放任的资本主义竞争无法保证能让穷人的收入上升，因为富人阶层要在竞争中取得胜利，就一定会压低工人的工资，减少对劳动力的需求，最终会导致大家劳动生产出来的产品越大，收入反而越少。西斯蒙第怒斥自由竞争下的不合理分配现象，要求维护劳动者利益，否定两极分化。他认为要让消费市场变大只能是让穷人的购买力上升。不过，在自由放任的市场竞争中，社会很多阶层都可以减少或剥夺穷人的收入。特别是富有阶层在进行产品分配的时候，只留给工人一小部分勉强维生的物品，却独享工人所生产的、超过其价值的全部产品。他严肃批评了资本主义的低工资现象。认为低工资有实际上与名义上之分，实际上的低工资就是一种社会财富的不公正分配，是社会两极分化的表现，是由资本主义自由竞争导致的。思考一下，若劳动力低廉而食品价格却高昂时，人们为了自己的温饱就必须出卖劳动力，工人们也就是在这样的逼迫下展开竞争。造成的结果就是这些人没有自己的自由时间，更别说什么享受或休息了，这样的工价就是实际的低工价。他还阐明了资本主义低工资的不合理性，“人们往往把低工价看成国家利益，都不去考虑它是名义上的还是实际的，工厂主拒绝提高工人的工资，往往被人们推崇为爱国主义的表现，而政府有时也通过工资的定额并且强制维持这种定额来支持这样的工厂主。事实上，这种法律最糟糕、最不合理。”西斯蒙第认为，国家的利益肯定和工厂主的利益是不一样的，它是把生产所得利益在所有进行生产的人中予以合理分配。国家的利益要求把劳动所产生的国民收入，由各个阶级来分享。他认为政府如果有意为了一个阶级的利益而损害国家其他阶级的利益，那也应该首先是维护短工的利益。因为，在那些应该分享生产价格的人中，短工的人数最多，保证他们的幸福，就是保障全国广大群众的幸福。

可是，实际上短工们的收入才是最少的，社会地位才是最低的；他们创造财富，自己反而跟财富无关。工厂主却逍遥自在、养尊处优，即使不让工人劳动也能生活。面对资本主义自由竞争所造成的这种贫富两极分化①，因此，西斯蒙第绝对否定资本主义的自由竞争，认为这是造成社会经济危机和贫富两极分化的罪魁祸首。

① 西斯蒙第指出：“这种不平衡的现象，既不是社会的目的，也不是政治经济学的目的，不仅不是对财富的保证，反而是对财富的浪费。”

四、社会经济生活的理想模式

（一）道德是使财富增加的有效动力

对于良好道德在社会经济发展中的积极作用，西斯蒙第是有深刻认识的。他认为复杂混乱的资本主义市场自由竞争所造成的是道德沦丧和社会生产力遭破坏。而树立良好的社会道德就可以改变所有，为社会创造更多的财富。在“论机器的发明造成人口过剩”一节中，他深刻描绘了资本主义市场经济制度的不合理性所导致的道德丧失。他认为，工人们在最简单的生活都满足不了的情况下，再谈伦理道德就有点不太现实了。他说“短工对得到最低工资的要求也比商人运用金钱还迫切，因此他们总是随着需求和资本的减少而屈服在不断苛刻的条件下，以至于最后只好接受一个勉强维持生活的、非常微薄的工资。在这样的情况下，他们的生活就缺少任何享受，饥饿和痛苦使他们不再顾及道德感情了。他们必须一直为生活而挣扎，他们的所有情欲必定集中于自私主义，他们都因为自己受苦而忘掉别人的痛苦，天然的感情变得迟钝了，恒久不变、劳累不堪的单调劳动损害了他们的一切智能。”这样一来，“道德、节制、恒心、节俭等被懒散的恶习所代替，被放纵、怠惰和浪费代替了。商业、工业、勤劳，在人民一文不值而一切地位、荣誉为游手好闲的贵族所独占的国家里，是被人所轻视的。令人灵魂堕落的宠遇、阴谋和其他一切佞人伎俩，要比坚强的毅力、勇敢无畏的积极性和钻研精神更能使人迅速发财。阴谋家的数量日益上升，他们竟然歧视按正道取财的人，也看不起用自己的才干或自己的劳动而力求上进的人。”

西斯蒙第认为，在市场经济的自由竞争中，人们为了保护自己的利益，一定会少一些道德上的考量，这除了影响他们的工作积极性外，从某种程度上也会影响社会的经济发展。面对这种情景，他主张政府要培养人们良好的道德品质。只有在此情况下，才能使社会财富增加。“另一些特点或道德，即热爱秩序、节约、俭朴和正义，正如促进社会的幸福一样，对于财富的增加也是有效的动力。这些道德几乎永远是由公共组织来培养的。宗教、教育、政府和荣誉感，在改变人的本性。因此，它既能培养出优秀的公民，也可以产生不良的公民。”西斯蒙第认为，社会和政府应努力建立、培养良好的道德，通过道德教育和感召力量来改变人们自私自利的本性，从而使自利与利他相协调，这种社会道德在保障人们的幸福方面会行之有效。西斯蒙第尤其把道德信任引入商业流通的银行信贷关系中，认为良好的信贷关系是经济繁荣的基础和保证。在西斯蒙第看来，良好的信贷关系的建立对降低交易费用、保证商业流通的良好运行是有利的，对银行产业的发展也有不少好处。因此，“毫无疑问，发行银行券和供应流通的货币比较起来，是更为经济的手段。”关于银行与信用相互影响的关系，他认为，“当信用没办法降低损失的时候，人们都会尽可能地少存货币，以防止呆滞资本利息也受到折损。一旦信用降低，就和人们说的那样，银行吃紧了人们宁愿损失一定的利息，也要把钱存在柜里，而不愿在债务人到期不还欠款的情况下去冒意外的危险。”因此，“如果商品的流通不变，在商业丧失信用时要比它保有信用时有更多的现金才能使货币相应地流通。”如果以诚实、信任为基础建立起来的信用制度有朝一日面临灭顶之灾，则所有契约都将不能履行，银行产业也将破产，所以说，诚实、信任是契约建立的前提。西斯蒙第援引当时美国的案例说“美国人把建立银行和根据每个公民的信任发行银行券的权利看作是美国人的一份自由权”，“今天，美国人对他们的政府完全信任，美国非常迅速地繁荣起来。”因此，在他眼里，美国的社会经济能持续繁荣，一个不可缺少的条件就是良好的信贷关系。

这样看来，对于信贷关系，西斯蒙第是持一种肯定态度的，与此同时他还在诚实和信任的基础上对社会中存在的伦理道德等观念的经济价值展开了深入研究。

（二）理想的社会模式——平均私有

西斯蒙第将以自由竞争为基础的资本主义市场经济的所有问题一并揭露，这张对不合理的资本主义经济制度予以改良。他在对空想社会主义者欧文等人的社会主义制度构想进行批判的同时，仍呼吁要建立一种代表小生产者利益的“平均私有”的社会。

1. 资本主义经济制度的不合理性

西斯蒙第在研究经济的过程中，同样对历史也予以认真研究，在他的研究里面，他会将历史和现实有机地结合起来，其次才是对当前经济的研究，所以我们说他除了是一位杰出的经济学家，也是一位历史学家。他看到的资本主义社会是一种上方相互欺骗的社会，资本主义制度带来的只是广大劳动人民的痛苦不堪。

因此，以市场竞争为基础的资本主义经济制度要比以自给自足为基础的封建自然经济制度还要不利于劳动人民的生存。在“论机器的发明造成人口的过剩”一节中，他发出了这样的感慨“野蛮时代常常饿死的猎人也不像经常被工厂解雇的成千上万户家庭的遭遇那样悲惨，因为，前者至少一生还保有他应付危难的全部能力和智慧。可是，和妻子儿女一起被工厂解雇的工人事先就失去了自己的精神力量和身体力量。”在西斯蒙第看来，出现这种状况完全是不合理的资本主义经济制度造成的。他不断重申，他所否定的肯定不是机器、也肯定不是发明，而是当时的资本主义经济制度。西斯蒙第认为资本主义的经济制度剥夺了劳动者的全部财产，使劳动者什么也得不到。他们没能力拥有任何可以抵抗竞争的保障，也没有任何不受疯狂竞争所造成伤害的保障，这样，他们是注定要遭到牺牲的。对于这样一种严重损害劳动人民利益的资本主义经济制度，西斯蒙第尖锐地指出了它的野蛮性“由于我们使劳动阶级失去一切保障，将来总有一天，我们的子孙会和我们现在论断这些阶级变成奴隶的民族是野蛮民族一样，也认为我们同样野蛮。”西斯蒙第在很早的时候就已经发现了资本主义制度的不合理性，并为此对这种制度多加批判。他对于当前社会中取得的经济奇迹并不推崇，因为他认为这些奇迹是建立在普通人受苦的基础上的，这么简单的问题是无论怎样也掩盖不住的。

2.“平均私有”的优越性

西斯蒙第对空想社会主义公有主张予以批判的前提下，尽最大努力追求“平均私有”的理想社会。他认为建立在“宗法式”农业和行会手工业之上的“平均私有”的资本主义社会优越性很大。他从农业和城市手工业的分析入手来阐述自己的这一观点。首先，他对以私有制为特征的“宗法式”农业的优越性进行了分析，表示“宗法式”农业是最理想的农业生产制度。他的“论领土财富”篇主要都是对“宗法式”农业优越性阐述的篇章。在这里，他对很多农业制度进行了考察，如宗法式的、奴隶制的、平分制的……土地经营，通过对比探讨，西斯蒙第的结论是“宗法式”农业是一种具有很多优越性的农业生产制度。因为“在农夫是私有者和产品完全归生产者所有的国家中，就是说，在农业是我们称之为宗法式农业的国家中，我们到处都看到农夫热爱他所住的房屋和他所耕种的土地的迹象。他丝毫也不考虑他的劳动日的价值，也不考虑他走过多少羊肠小道，也不考虑他所引来的泉水，他所经营的小树林，以及他弄得琳琅满目的花坛，劳动本身对他就是乐趣，他有这样做的时间和力量，因为他总会得到快乐，金钱绝不会使他做出由于他对土地的热爱而肯做出的事情，这种热爱使劳动变得容易了。”在西斯蒙第看来，“宗法式”农业可以让农民对土地生出一种热爱之情，这样就可以迅速推动农业生产的发展。

西斯蒙第还发现，以私有制为基本特征的“宗法式”农业具有资本主义大农业所无法比拟的优越性，从一些发达资本主义国家的实践经验中西斯蒙第也体会到这点。“在旧大陆的瑞士，新大陆的自由的美国，一直都没能把土地的所有权和耕种土地的收益分开，这正是它迅速繁荣的一个原因。这种耕种方式，最简单，最自然，应该是新成立的国家的每一个民族所应该采取的，因此我们把它称为宗法式的经营。”总的来说，西斯蒙第觉得人人都有一份土地的“平均私有”的农业制度是最理想的农业经济生活模式。在《政治经济学研究》中，这种思想也体现得很明显。“真正的财富、真正的力量以及国家的幸福都系于农村人口。”

在城市经济发展中，西斯蒙第认为应该借鉴参考行会手工业的那种组织形式。在这里，他把中世纪的联盟当成是值得学习的楷模应用到资本主义社会，希望可以把城市中的企业分散成为为数众多的手工业作坊，把财产分给为数众多的中等资本家。他说“只有当人们能够设法建立一个彼此关心的集体，来代替工业企业家和被他们雇佣者对立的制度，使农业工人分享土地收入，使产业工人分享自己产品的时候，英国才能安定，产业阶级才能幸福，才有实际而持久的繁荣进步。”

实际来看，西斯蒙第想要建立的“集体”就是一种行会组织。他认为实行这种行会手工业原则有利的地方特别多。第一，手工业者能同时是商人、厂主或工人，这样一来，他们就会对市场行情很了解，可以按市场需求开展自己的生产活动；第二，行会对各行业工人人数是有规定的，不让随意增加学徒的人数，所以，也很少会产生生产与消费的冲突；第三，因为工人收入基本不变，较为稳定一些，还能够依照收入来确定之后的结婚生育，并在此基础上调节他们所生子女的数量，防止收入与人口二者可能出现的矛盾。这样，西斯蒙第认为，实现行会手工业的组织形式就解决了穷人的贫困问题，处理好了生产和消费、财富与人口的比例关系。但是，西斯蒙第也并非想完全回到中世纪的行会制度里，他也察觉到行会制度是有一些问题的，认为只有从学徒才能到伙计，然后才能到师傅的行会规章制度会严重地挫伤劳动者的积极性，造成生产与消费的矛盾。

西斯蒙第“平均私有”的观点，体现出他对资本主义自由竞争造成劳动人民生活积弱状况的关注。他准确看出资本主义经济制度所导致的社会两极分化，对不科学的资本主义经济制度展开了疯狂斥责，他对空想社会主义理论的不现实性有较为清醒和完备的了解，了解到绝对的平均主义只可能会将劳动者的生产积极性一而再再而三地挫伤，他确实在一定程度上认识到农民拥有一定土地、工人拥有一定股份是多么重要。

第四章 西斯蒙第人本主义经济伦理思想评价

西斯蒙第经济伦理思想是法国机器大工业革命时代的产物，具有鲜明的阶级立场，是为小资产阶级摇旗呐喊。但是，西斯蒙第的经济伦理思想又具有强烈的人本主义倾向，对当今我国经济社会的发展和经济学研究又具有深远的影响。通过对西斯蒙第人本主义经济伦理思想进行评价，有助于更加透彻地了解西斯蒙第经济伦理思想的本质。下面将从西斯蒙第人本主义经济伦理思想的历史局限性以及西斯蒙第人本主义经济伦理思想的现实意义等两个方面进行科学、客观的评价。

第一节 西斯蒙第人本主义经济伦理思想的历史局限性

西斯蒙第借助"道德"和"良心"对资本主义的制度进行一定程度上的批驳否定，打算用讲解和教授道德来对社会不人道的情况进行改善，然而他的批驳否定并没有一针见血。后果、结局以及派生的东西是他所批判的目标。这样来说，西斯蒙第的方法就是除去直白地讲述并对悲催的事实进行肯定；在研究现象因果关系的过程中经常会出现中断的现象，西斯蒙第希望社会的进步是通过一种比较温和的方式去实现的，竭尽全力地想把技术的进步控制在一定的范围里面，从某种程度上来说，这种做法对技术的进步非常不利。他对资本主义生产方式进行了激烈的抨击，对技术进步带来的不人道的现象非常不赞成。① 列宁在谈到西斯蒙第时说："究竟根据什么把他评定为小资产者呢？就是根据他不了解小生产（他把它理想

① 西斯蒙第以抽象的人的需要出发，把消费列为资本主义生产过程的首位，完全颠倒了消费和生产的关系。他不了解在社会生产总过程中的生产、分配、交换和消费这四个环节中，生产具有决定性的作用，它不仅为需要提供对象，规定需要的方式，而且为需要提供物质。他站在小生产者的立场，把小生产者理想化，企图以旧的宗法式的尺度来衡量新社会。

化）和大资本（他攻击它）之间的联系，就是根据他没有看见他所偏爱的小生产者即农民实际上正在成为小资产者。"①

西斯蒙第已经陷入了主观主义和唯心主义的泥潭中不能自拔，因为他研究经济的方法的基础是唯心主义的原理——以思想支配世界。他认为经济研究中最重要的是人的需要和他的满足程度。以上这些是我们从西斯蒙第的著作中所看出来的。② 西斯蒙第对李嘉图的抽象法进行了批判，他不知道的是政治经济学只可以使用抽象法，而不可以和其他社会科学一样使用实验方法。③ 毋庸置疑的是，如果西斯蒙第仅仅谈论的是实际问题，并且只限于谈论实际问题，那么他对人类的生活情况的经济方法论的研究用经验、历史和观察为基础的看法是正确的，如果他想看到经济世界的一般状态，他不能忽视抽象的方法。事实上，西斯蒙第也应用了抽象法，只是因为他的批判是主观地去批判客观现实，推论整个人类的历史是从一个人的历史开始的，是用理想来作为基础的，是抽象的，从这些方面我们可以看出西斯蒙第所采用的研究方法的不足之处。④ 在经济科学向实践中的应用转变的时候，经济学应该充分考虑伦理的问题，即使政治经济学作为科学的功能并不是研究伦理判断。西斯蒙第用关注伦理的态度去研究经济，也是对经济进行研究的一种方法，但是因为他把经济科学说成是伦理科学，所以从某种程度上来说，对于它的实证特性，有可能会被模糊。因为他研究方法的局限性，对于资本主义生产方式的经济特点他不是特别了解，对于资本主义矛盾所存在的历史必然性和进步性他一点也看不到，所以关于解决资本主义矛盾的有效方法他也找不到。对于这一点，他自己也承认道："我承认，在提出我认为什么是原则，什么是正义以后，我并没有制定执行手段的能力。我认为共同参加劳动的人共同分配劳动的果实是有缺陷的；而且，人类是无力了解与我所经历过的财产状况完全不同的财产状况的。人数最多的，也可以说，社会上最主要的阶级的痛苦，最近达到了极严重的程度，甚至使最文明的国家中的很多慈善家也感到必须采取

---

① 毛韵．西斯蒙第思想述评［J］．赣南师范大学学报，2002（04）．

② 作为小资产阶级的代言人，他完全不了解社会经济发展过程是不受人的意志为转移的，并受客观规律支配的，而政治经济学研究和探讨的正是这种客观存在的经济发展规律。他看到了资本主义工业化带来的非人道现象，最先指出资本主义的矛盾，但他不从现实本身中去分析原因，只是求助于道德判断和寻求政府的改良措施。

③ 科学的抽象法，就是从复杂的社会经济现象中找出该社会所特有的基本关系加以分析，从而揭示出这个社会的内部关系以及它的现实表现。

④ 英国古典学派在研究政治经济学时侧重于财富如何增大与分配，他们从伦理出发探讨财富现象，但伦理本身并不是他们探讨的目标，其实这对于获得经济理论的严密性和准确性是有所帮助的，因为任何一门知识的进步，只有通过一定的专门化研究才有可能。

补救的措施了。”① 他的学说包含着理想和空想的成分，因为对资本主义的矛盾感到悲伤，所以他的改良计划希望用温和的方法。针对当时的处境，“他既过于敏锐而不能不看到新工业制度带来的好处，又过于敏感而不能不为某些痛苦的后果所感动，又过于保守和谨慎而不希望推翻整个社会，以至他对在这种弊病下人类的惨状，只满足于作一个吃惊的旁观者”。② 因此他开始担心和疑惑新工业制度能够给人类带来什么样的未来，也让他所提倡的人道主义因没有有力的支撑而显得孤立无援，由此他陷入了对新工业制度给人类带来怎样未来前途的担忧和疑虑重重之中，也使他的人道主义呼声因缺乏有力的支撑显得力不从心，从而也被主流经济学派及以后的科学社会主义者批判，他的人道主义也变得更加难以实现。

从历史的角度来说，由于时代和物质条件的局限性，人道主义超越了现实，同时也受到了理想的约束。结合西斯蒙第所处的时代背景，他为了实现人道主义的理想与现实结合所做出的努力自然而然会受到同时代甚至是以后经济学、政治学家的批判，在他们看来，因为这种努力没有科学的研究方法从而变成了一种“企图”，具有一定的空想性和反动性。③

列宁在评价西斯蒙第在政治经济学中总的作用时，把西斯蒙第对劳动群众赋予的人道主义同情指责为“只限于从小资产者的观点出发对资本主义进行感伤主义的批评。这种以感伤主义的申诉和抱怨来代替科学分析的做法决定了他的见解是非常肤浅的。”④ “西斯蒙第反对大资本，也就是反对商品经济的一种最发达的形式，陷入了空想，而把小资产者（特别是农民）捧上了天，也就是把商品经济的另一种仅仅是萌芽状态的形式捧上了天。”⑤ 西斯蒙第站在小资产阶级的角度，理想化那些小生产者，极力批判大资本，并打算用旧的宗法式的尺度衡量新社会，因此在资本主义社会中应用宗法制和行会的原则是他的理想，提倡小生产方式。这样，就违背

---

① 毛韵．西斯蒙第思想述评［J］．赣南师范大学学报，2002（04）．

② 毛韵．西斯蒙第思想述评［J］．赣南师范大学学报，2002（04）．

③ 马恩在《共产党宣言》中指出，西斯蒙第作为小资产阶级的社会主义的头面人物“很会揭示现代生产关系中的矛盾。它揭穿了经济学家的伪善的维护伎俩，它确凿地证明了机器生产和分工的破坏作用，资本和地产的集中，生产过剩的危机，小资产者和小农的必然没落，无产阶级的贫困，全民的无政府状态，财富分配的极不平等，全民族之间歼灭性的工业战争，以及旧道德、旧家庭关系和旧民族性的解体……可是，按其积极内容来说，这种社会主义不是力图恢复旧的生产和交换资料，从而恢复旧的所有制关系和旧的社会，而是力谋重新把现代的生产和交换资料硬塞进已被这些资料突破而且必然要突破的那种旧的所有制关系的框子里去，在前后两种场合，它都既是反动的，又是空想的。”

④ 毛韵．西斯蒙第思想述评［J］．赣南师范大学学报，2002（04）．

⑤ 毛韵．西斯蒙第思想述评［J］．赣南师范大学学报，2002（04）．

了历史发展的方向。①

与西斯蒙第对人道实现的悲观、浪漫不同,② 马恩、列宁对于他们实现和改善广大工人群众的人道状况充满着乐观、自信的态度，这也成就着他们号召领导阶级斗争革命的、现实的积极作用。马恩在《共产党宣言》中公开宣布“他们的目的，只有用暴力推翻全部现存的社会制度才能达到。”③ 事实上，在私有制的社会中，通过阶级斗争和暴力变革来实现最终的人道主义社会的主张确实是一个挽救广大工人群众苦难命运的方法，具有现实意义。而且马克思的最终目标是与人道主义的模式相匹配的，他的观点是只有在共产主义社会中才能实现人道的社会也就是人的全面发展的社会，而在实现这一最终目标的过程中，人是不可能有适合包括所有阶级在内的全人类的道德，因此他毅然决然地否定了在阶级社会中人道的普遍性，也从而使他对未来的人道主义社会的设想充满理想和浪漫色彩，但他却提出了达到未来社会的现实途径，而西斯蒙第人道主义的理想与现实手段之间却没有这种有机的联系，他的理想仅仅是理想。

马克思的研究方法与西斯蒙第的不一样，他运用科学的唯物史观进行辩证分析，资本主义生产方式和资产阶级的作用进行了历史的评价，而且对资本主义社会中不人道的现象进行了深刻的揭示和批判，他指出“凡是资产阶级已经取得统治的地方，它就把所有封建的、宗法的和纯朴的关系破坏了。它无情地斩断了那些使人依附于‘天然的尊长’的形形色色的封建羁体，它使人和人之间除了赤裸裸的利害关系，即冷酷无情的‘现金交易’之外，再也找不到别的联系了。它把高尚激昂的宗教虔诚、义侠的血性、庸人的温情，一概淹没在利己主义打算的冷水中。他把人的个人尊严变成了交换价值，它把无数特许的和自力挣得的自由用一种没有良心的贸易自由来代替了。”④ 从批判的内容来说，和西斯蒙第是差不多的，然而西斯蒙第远远没有达到其在批判的方式中所蕴含的革命的积极的意义。⑤

---

① 由于所处阶级立场局限，西斯蒙第不可能对资本主义制度做出科学的分析，而且反对用革命手段来改革社会，他关于改善人道状况的主张也没有触及资本主义制度本身，而是幻想能借助国家干预，建立资本家和工人之间的宗法式的合作关系。马恩因此把西斯蒙第的这种思想归类为小资产阶级社会主义，而指出它的反动性和空想性。

② 由于时代不同，马恩、列宁是站在日益崛起的无产阶级的立场上来看待他们心目中的人道主义的，他们相信并且试图借这支强大的政治力量以暴力革命的手段来达到目的。

③ 毛韵．西斯蒙第思想述评［J］．赣南师范大学学报，2002（04）．

④ 毛韵．西斯蒙第思想述评［J］．赣南师范大学学报，2002（04）．

⑤ 西斯蒙第对资本主义非人道的批判，在感情倾向上是完全站在劳工方面的。不论谁做了任何一件或所有这样的事情，他一定会从某些方面给予赞扬，就像他一定会从其他方面由于某些欠缺而遭到批评一样，这样他就不能客观地、历史地评价资本主义的作用，而具有主观和唯心色彩。

第二节　西斯蒙第人本主义经济伦理思想的现实意义

马克思和恩格斯在《共产党宣言》中指出："在现代文明已经发展的国家中，形成了一个新的小资产阶级，它摇摆于无产阶级和资产阶级之间，并且作为资产阶级社会的补充部分不断地重新组成。但是这一阶级的成员经常被竞争抛到无产阶级队伍中去。而且，随着大工业的发展，他们甚至觉察到，他们很快就会完全失去他们作为现代社会中一个独立部分的地位，在商业、工业和农业中很快就会被监工和雇员所代替。在农民阶级远远超过人口半数的国家，例如在法国，那些站在无产阶级方面反对资产阶级的著作家，自然是用小资产阶级和小农的尺度去批判资产阶级制度，是从小资产阶级的立场出发替工人说话的。这样就形成了小资产阶级的社会主义。西斯蒙第就是这个学派的首领，对法国来说是这样，对英国来说也是这样。"①

熊彼特指出，西斯蒙第最后上升到了这样一种地位："人们对之表示尊敬已经成为礼貌。这是由于同分析的成就并无牵涉的态度；他宣讲这样一种福音：经济学的真正客体是人而不是财富。"②

笔者的目的在于：在对西斯蒙第的这种以人为本的经济伦理思想进行梳理的基础上，理出对当代经济建设与经济学研究的意义。

一、人才是经济学的真正客体

作为古典政治经济学的奠基人，亚当·斯密在其著作中声明："真正的政治经济学，即为讨论国民财富的性质与原因。"③ 并以此作为其著作的名称。④

---

① 沈昊驹．西斯蒙第人本经济伦理思想评析［J］．武汉工程大学学报，2009（06）．

② 沈昊驹．西斯蒙第人本经济伦理思想评析［J］．武汉工程大学学报，2009（06）．

③ 沈昊驹．西斯蒙第人本经济伦理思想评析［J］．武汉工程大学学报，2009（06）．

④ 马克思也认为"李嘉图把资本主义生产方法当作一般生产的最有利的方法，当作财富生产的最有利的方法。……他企求为生产的生产。" 从此，政治经济学的主流看法中都认为政治经济学的目的在于增进国民经济财富。例如萨伊就认为，政治经济学是阐明财富怎样生产、分配和消费的科学。

和萨伊一样，西斯蒙第开始自己的学术生涯时也是亚当·斯密的门徒。《论商业财富》是西斯蒙第的第一本经济学著作，它属于第一批对斯密欧洲大陆贸易自由主张激情拥护的作品。然而过去了12年之后，因为西斯蒙第发现某些国家特别是英国的新工业秩序对城市和农村工人生活所起的负面作用，他在为布鲁斯特的《爱丁堡百科全书》写的一篇文章中却站在了与斯密的正统追随者相对立的立场。他“认为这些国家，这些民族都走错了路，他们虽然努力设法补救，但是灾难愈益严重。”① 在之后的《政治经济学新原理》中，这种思想向更深的层次发展。对于英国古典政治经济学的上述看法，西斯蒙第有不同的见解，他的看法是政治经济学是政治学的一个组成部分，认为研究“人的物质福利是政治经济学的对象。”② 西斯蒙第在界定政治经济学的对象时认为：政治经济学不能只是考察财富生产，而是一门研究人民物质福利的科学。③ 并指出：“亚当·斯密是以抽象的方式来看财富的，而不考虑财富与应该享用这种财富的人的关系。”④ 西斯蒙第在评价李嘉图时认为：“他根本不考虑人的问题，他只说这门科学的目的就是无限制地增加财富。”⑤ 李嘉图曾经说过，只要一个国家实际的纯收入不变，它是由1000万人或是由1200万人组成的，都是没有关系的。对此，西斯蒙第愤怒地质问道：“怎么？财富就是一切，而人是微不足道的吗？”⑥ 因此，西斯蒙第认为英国古典经济学的根本错误在于把手段和目的颠倒了。

二、大多数人的福利才是经济学所要考虑的

西斯蒙第不仅认为经济学研究的对象应该是人而不是财富，而且还认为社会上大多数人的福利问题应该被政治经济学所关注，而不应该只是考虑少数人致富的问题。西斯蒙第认为“在某个国家里，如果广大人民群众经常感到匮乏，生活极不稳定，意志被挫折，精神被斫丧，人格被贬低，

① 沈昊驹．西斯蒙第人本经济伦理思想评析［J］．武汉工程大学学报，2009（06）．

② 沈昊驹．西斯蒙第人本经济伦理思想评析［J］．武汉工程大学学报，2009（06）．

③ 财富只是人类物质享受的象征，只是一种使人获得物质幸福的手段。人类进行财富生产只是为了满足自身物质和精神生活的需要，提高自身的物质、精神享受水平。“财富和人口并不是国家繁荣的绝对标志；国家繁荣的标志在于财富和人口的比例”；“只有增加了国民享受，国民财富才算增加。”

④ 沈昊驹．西斯蒙第人本经济伦理思想评析［J］．武汉工程大学学报，2009（06）．

⑤ 沈昊驹．西斯蒙第人本经济伦理思想评析［J］．武汉工程大学学报，2009（06）．

⑥ 沈昊驹．西斯蒙第人本经济伦理思想评析［J］．武汉工程大学学报，2009（06）．

即使上层阶级获得至高无上的人类幸福，充分发挥一切才能，享有一切人民权利，享尽人间的乐事，这个国家仍然是一个被奴役的国家。”① “社会的财富只有当它能为每一个阶级造福，才是人们所期望的。如果不考虑从事劳动的人，而只考虑那些应该享受的人，这种劳动就会变成可怕的灾难。”② 因此，西斯蒙第由对生产和消费的研究向生产和分配的研究转变，他的观点是不管个人还是全社会的幸福，都在于合理使用和公平分配所创造出来的财富，而不在于生产和生产力的发展。③ 并且，西斯蒙第认为“积累国家的财富绝不是成立政府的目的，政府的目的是使全体公民都能享受所代表的物质生活的快乐。”④ 西斯蒙第批评亚当·斯密的学说是只有利于富人更加富裕的学说。⑤ 因此他始终呼吁应对弱者实行权利保护：“我们把政府看成应该保护弱者不受强者欺侮的保护者，……为了避免人们由于自己不能获得财富的增加而受危害，这种保护权力是极其必要的。”⑥

正是由于西斯蒙第的观点是政治经济学应当考虑大多数人的福利，因此，他几乎始终提倡亚当·斯密所摒弃的政府干预，而不赞成自由放任。西斯蒙第认为，在自由放任条件下，“最强有力的人就会得到自己所要得的利益；而弱者的利益将失去保障；因为人们的政治目的就在于少损失多得利。在这各种利益互相斗争的竞争中，不合理的事几乎常常在邪气占上风的情况下得到社会力量的支持，而社会力量自以为是大公无私的，事实上它也会干出这种事的，因为它不问青红皂白，总是同情强有力者。……(所以) 我们就会看到个人利益是一种强取的利益，个人利益常常促使它追求违反最大多数人的利益，甚至归根结底可以说是违反全人类的利益。”⑦ 西斯蒙第一语道破地把自由放任的利己主义的本质揭露了——个

---

① 沈昊驹. 西斯蒙第人本经济伦理思想评析［J］. 武汉工程大学学报，2009（06）.

② 沈昊驹. 西斯蒙第人本经济伦理思想评析［J］. 武汉工程大学学报，2009（06）.

③ 在他看来，分配问题不仅仅是个经济理论问题，而且是一个伦理问题。这个伦理问题的公平性在于，分配应该在一切参加生产的人中进行合理分配，才使人们得到幸福。

④ 沈昊驹. 西斯蒙第人本经济伦理思想评析［J］. 武汉工程大学学报，2009（06）.

⑤ 斯密只看到，所有拥有财富的人都关心财富的增加。因此，就听其自然好了；他在使自己致富的同时也会使国家富裕起来。而西斯蒙第认为富人有时用增加新产品的方法来致富，有时却用窃夺原来应该属于穷人的一大部分财富的方法来致富；有的人有能力在自由竞争中致富，有的人却没有这种能力。因此西斯蒙第认为斯密的学说对西方文明社会的进步起了很大的推动作用，“在工业能力方面有了令人不可思议的发展；但是，在许多人民阶层中也产生了可怕的痛苦。”

⑥ 沈昊驹. 西斯蒙第人本经济伦理思想评析［J］. 武汉工程大学学报，2009（06）.

⑦ 沈昊驹. 西斯蒙第人本经济伦理思想评析［J］. 武汉工程大学学报，2009（06）.

人至上，弱肉强食。

此外，西斯蒙第还从生产与消费的关系的经济学分析中得出结论："要增加工业和人们劳动产品的销售额，不在于增加富人的收入，而必须增加穷人的收入。"① 假若总是让劳动人民的收入增长低于产出增长的水平，就势必导致生产过剩的经济危机。西斯蒙第的上述思想随着市场经济的发展逐渐为人们所接受。约翰·穆勒就认为："如果人民大众从人口或任何其他东西的增长中得不到丝毫好处的话，则这种增长也就没有什么重要意义。"② 显然，约翰·穆勒的上述论断是对西斯蒙第经济伦理思想的继承和发展。

三、伦理之维应包含在经济学的研究范围之内

西斯蒙第认为他的研究方法应该包含有"良心"的道德规范和伦理分析，经济分析的起点和归宿应该是合乎道德规范的价值判断。而不可以仅仅是空洞的抽象。③ 他说："道德，即热爱秩序、节约、俭朴和正义，正如促进社会的幸福一样，对财富的增加也是有效的动力"。④ 他认为"亚当·斯密对待科学的态度是有些过分拘泥于计算数字，然而从全面来看，科学既属于感性又属于想象，感性和想象不需要什么数字的。"⑤ 并且认为"社会科学所要解决的问题比各种自然科学问题复杂得多；同时，这种问题需要良心，需要理智一样。明眼人应该认识那些不应有的灾难全是人为的，而被害人还是人。他对于灾难不应漠然视之，置之不理，而不想补救的办法。"⑥ 面对当时社会的一种风气，人情的麻木不仁成为常态，更加重要的是，认为这是与任何人无关的事。⑦

---

① 沈昊驹. 西斯蒙第人本经济伦理思想评析 [J]. 武汉工程大学学报，2009 (06).

② 沈昊驹. 西斯蒙第人本经济伦理思想评析 [J]. 武汉工程大学学报，2009 (06).

③ 原因是在他看来，政治经济学的真正客体是人而不是财富。西斯蒙第站在伦理学的角度，肯定了良好道德对社会进步的作用。

④ 沈昊驹. 西斯蒙第人本经济伦理思想评析 [J]. 武汉工程大学学报，2009 (06).

⑤ 沈昊驹. 西斯蒙第人本经济伦理思想评析 [J]. 武汉工程大学学报，2009 (06).

⑥ 沈昊驹. 西斯蒙第人本经济伦理思想评析 [J]. 武汉工程大学学报，2009 (06).

⑦ 西斯蒙第认为政治经济学研究的对象是人们的物质福利，它的最终目的是人的幸福，所以政治经济学是关于指导我们为人类谋福利的理论。西斯蒙第从人的需要和愿望出发，诉诸道德和感情，由此证明人的需要是首要地位，在他看来，政治经济学应该隶属于伦理学。西斯蒙第提出在政治经济学中应树立重视人和伦理观念的思想，不仅表明了自己更多地从人和伦理的角度思考重大经济问题，而且还成为以后大陆国家，特别是法国所谓"社会经济学"的起源。

第五章　西斯蒙第人本主义经济伦理思想对我国企业伦理构建的启示

西斯蒙第经济思想与伦理主张是法国大工业革命的产物，其产生既有深厚的理论基础，也有强烈的现实需要。虽然其经济思想具有很大的局限性，但其人本主义的经济伦理主张与我国企业伦理建设具有很大的关联性。借鉴西斯蒙第人本主义经济伦理思想的主要精神实质，探讨我国企业伦理的现状及面临的突出问题，揭示西斯蒙第人本主义经济伦理思想对我国企业伦理构建的启示，也是挖掘西斯蒙第人本主义经济伦理思想的精华，发挥其现实价值的重要路径。

第一节　企业伦理的内涵

一、企业伦理的含义

（一）“伦理”的古今含义

追溯我国古代文献，“伦理”一词最早出现在《礼记·乐记》中：“凡音者，生于人心者也，乐者，通伦理者也。”这句话的意思是音乐和伦理是相通的，其含义与今天所指已有较大差异。此后，《孟子·滕文公上》中论述道：“圣人有忧之，使契为司徒，教人以伦：父子有亲，君臣有义，夫妇有别，长幼有叙，朋友有信。”指出人与人之间处理关系的原则和道理，这已经和“伦理”的现代含义十分接近。

在西方文化中，“伦理”一词最早记载于古希腊文中。由古希腊文的“εθοζ”（音“伊索思”）逐渐演化形成。古希腊的哲学家用这个词语描述某种现象或事物的本质，后来逐渐衍生出“德行”“性格”“品质”等含义，英文中的“ethics”（伦理）源于这个词语。

在现代汉语的语境中，“伦”指的是等次、辈分、秩序、顺序，“理”指的是道理、条理、规律、原则。所以，放在今天的语境中，所谓“伦理”，就是指人与人、人与社会、人与自然之间发生相互关系时应当遵守的道理和行为准则。

（二）“伦理”与“道德”的辩证统一关系

在日常生活中，人们经常将“伦理”和“道德”混为一谈。因此，在这里有必要辨析“伦理”与“道德”关系。

在我国古代，《道德经》对“道德”做出了很好的阐释：“道可道，非常道；名可名，非常名。”“玄之又玄，众妙之门。”这里的“道”说的是万物的起源与运行之理，“德”说的是人的外在表现。在《现代汉语词典》中将“道德”解释为“人们共同生活及其行为的准则和规范”。“道”是对人的心性和品行的规范及要求，“德”是这种规范和要求的内化于心，外在表现为个人的品德和行为。在英文中，“moral”（道德）一词来源于古拉丁文“mores”，原意为“习惯”“习俗”。

从现代的语境来看,“伦理”与“道德”主要存在以下几方面的差异。

1. 伦理是自律与他律的统一

现代社会中，人们普遍认同道德是人的一种自律。而在社会正常运行过程中，自律与他律都不可或缺。伦理就是为此而存在的。

伦理实际上是他律和自律与统一。从他律的角度来看，在人类社会中伦理是一种客观存在，属于群体对个人行为的一种约束，是群体对个体的“立法”。从自律的角度来看，伦理由道德升华形成，即它是人们在社会中经历长期的道德实践而形成的，是人们自觉的意识。后人将前人的自觉意识具体为人群的道德规范，以自律其道德行为。可见，伦理是自律与他律的有机统一。

2. 道德是伦理发展的一部分

道德和伦理之间的关系往往可以归结为部分和整体的关系。道德是一种特殊的、具体的、有针对性的存在，而伦理则是一种普遍的、抽象的、共性的存在。道德是伦理的基础，具有普遍性的伦理关系则是对某种具体道德要求的超越和升华；道德往往根植在客观的伦理关系当中，而伦理则是道德抽象与升华形成的。

3. 道德是伦理关系调节的方式

人和人、人和社会之间的许多联系需要道德进行调节，让其满足客观伦理的要求。作为行为评价体系、原则和规范体系、善恶价值取向体系，道德对社会风气和个人德行有着导向与整肃的作用。经过道德的调节作用，社会风气、个人行为都会更加符合伦理的秩序和要求。当然，除了道德之外，还有法律、政治等因素也会对伦理起到调节作用，道德只是调节伦理的一种手段而已。

（三）企业伦理的诠释

企业伦理的本质是在回答“企业为何存在”的基础上厘清“企业如何存在”的问题。在企业生存与发展变化的过程当中，人们应当充分思考：企业目标是什么？企业的商业价值是什么？什么样的企业行为才是合理的、正确的、合适的？如何反映企业的社会责任？衡量企业优劣的标准是什么？这些问题随着社会经济的不断发展，已成为企业和社会关注的焦点。商业伦理的目标是系统地回答这些问题。它是对企业的原则和规律的研究，也为人们判断一个公司的好、坏、善或恶提供了标准。其最终目的是指导企业各项实践活动，促进企业在社会发展中发挥积极作用。

有的学者认为：“企业伦理指的是任何生产机构或商业团体用合法手段从事营利时，应当遵循的伦理规则。”也有学者认为：“所谓企业伦理应该是企业运行、生产、经营的过程中存在的伦理意识、伦理活动、伦理关系、伦理规则的总和。”

此外，也有学者认为企业伦理是指在企业所有活动中形成的各种伦理关系以及处理、平衡、协调、发展这些关系的伦理精神、伦理原则、伦理规范和方式方法的总和。

在界定了“伦理”的含义之后，我们将更容易理解“商业伦理”。无论从哪个角度来界定企业的伦理问题，都应该关注企业的所有生产经营活动，因其本质上都存在着与伦理有关的问题。

（四）企业伦理与企业社会责任的关系

许多学者对企业社会责任提出了不同的看法。例如，“企业的社会责任是考虑或响应超越狭隘的经济和法律要求的问题，实现了企业追求传统的经济目标和社会利益”，“企业社会责任是指超过法律与经济的要求，对社会所承担的追求长期利益的责任”,[①] “社会中企业的责任是所有与其利益相关者的业务活动都应负责的相关企业义务的术语”。由此可见，不管从哪个角度来看，企业社会责任的定义离不开企业本身所应承担的社会责任，这些责任包括道德责任、经济责任、法律责任，并且随着企业活动的范围和边界不断扩大，其应承担的社会责任也越来越广泛。

根据上述企业伦理的定义，通常而言，所谓企业伦理，是指企业在履行社会责任过程中所遵循的伦理关系和规则。违反企业伦理关系和规则的企业行为，是不履行社会责任的行为。企业社会责任是指企业承担与企业和社会直接或间接相关的一切责任。因此，企业伦理与企业社会责任既不是包含关系，也不是被包含关系，同时也不是并列关系，而是原则与目标、方法与实施的关系。

二、企业本质的伦理考量

企业本质既有经济属性又有社会属性，如何用企业伦理考量它们，是我国经济发展过程中面临的主要问题之一。

（一）企业伦理支持企业追求经济利益

马克思在阐述人对物质利益的追求时指出：“人们为了能够‘创造历史’必须能够生活。但是为了生活，首先就需要吃喝住穿以及其他一些东西。因此，第一个历史活动就是生产满足这些需要的资料，即生产物质生活本身。”企业追求经济利益与企业伦理的要求并不相悖，这是由企业的生存和发展所决定的。企业对经济利益的追求是为了满足企业生存所需的物质基础，并且获得自身的发展，这个过程也能起到推动社会生产力和经济发展的作用。企业伦理并不是让企业抛弃经济利益，而是告诉企业应当怎样追求经济利益，在追求经济利益的同时应当注意什么。

（二）企业伦理要求企业在追求经济利益时不能突破一定界限

企业的存在不能以牺牲社会利益为代价，只有能够促进社会整体利益的企业行为才是在企业伦理界限之内的。当企业利益与社会整体利益发生冲突或矛盾的时候，应当使企业服从于社会整体利益、服从于广大人民群众的利益。与之相反，如果企业取得的经济利益是以牺牲社会利益为代价

① 段文，晁罡，刘善仕. 国外企业社会责任研究述评［J］. 华南理工大学学报，2007（3）.

的，即使取得再大的经济利益，也是不符合企业伦理要求的，是与社会所不相容的。

（三）企业伦理要求企业追求经济利益和社会利益的统一

我国坚定地走中国特色社会主义发展道路，为此，我们经济建设的根本目的是更好地实现人民的根本利益，更好地满足广大人民群众不断增长的美好生活需求，不断提高人民群众的生活水平。经济建设是社会发展的重要条件，对于每个企业来讲，创造最大的经济效益不仅符合企业自身发展的需要，也符合社会主义建设的需要，符合广大人民群众的根本利益。但是，如何使企业实现经济利益和社会利益统一才是问题的关键，这正是企业伦理建设的目标。（图5－1）

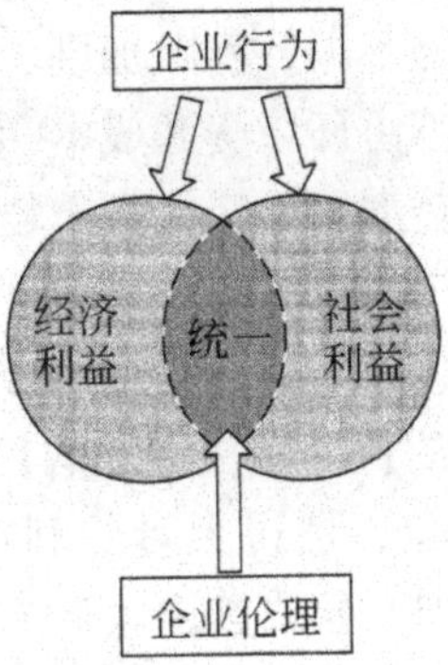

图5－1　企业经济利益和社会利益的统一关系

第二节　我国企业伦理现状与伦理失范

一、我国企业伦理现状

（一）我国当前企业伦理道德的现实

与西方发达国家不一样，中国的社会主义市场经济并不是在自由竞争的市场经济和自然经济的基础上形成的，它是在计划经济体制改革的基础上发展而来的。改革开放后，企业逐步成为自主经营的经济实体，具有法人地位，相对独立，国家将不再全权担负企业经营活动中的所有责任；企业不仅要进行生产活动，而且也为企业活动、产品销售、原料采购来做出自己的决定。企业必须承担自身的企业责任活动。因此，企业的伦理基础是由责任、权力和利益相结合而逐步形成的。

由于我国体制转型的长期性和复杂性，许多社会组织缺乏明确的价值导向和有效的内部纪律来有效约束组织与个人的行为，所以在伦理水平就存在着激烈的碰撞与冲突，进而逐步出现了人性的扭曲，如拜金主义、享乐主义，使得许多领域腐败蔓延，道德滑坡严重。在片面追求利润最大化的情况下，企业有着严重的短期行为倾向。“不管白猫黑猫，能抓住老鼠就是好猫”的实用主义概念被企业片面理解并付诸实际，错误地认为“马无夜草不肥，人无横财不富”，甚至很多企业认为市场经济可以不讲信用，甚至欺骗、假冒、贿赂横行，进而侵犯消费者权益，侵犯了职工的权益。因此，一些地方社会风气萎靡不振，腐败加剧。企业只讲经济责任，不讲社会责任，只讲生产成本，不讲环境资源成本和其他企业成本。

在企业的市场关系中，转型期的特征是市场关系的逐步形成，而在这个过程中产权关系尚未完全理顺。因此，市场上存在着多种形式的所有制。这就导致了企业权益的边界不明，其市场行为很难受到明确的契约关系约束。尤其是“双轨制”的长期存在、并购长期滞后、市场主体的企业产权状况长期混乱等不良现象，使得大量的利益交换发生在合同关系之外，或者是超越市场交易规则，导致道德风险提高。例如，有的企业占用彼此的资源和转移成本，完全不遵循合同，谋求单位利益最大化。

以近期的情况来看，在企业内部关系中，许多国有企业已经难以承担旧有制度赋予的沉重社会负担，但外部的社会保障制度尚未形成，这就让企业社会保障的改革难以进行。在社会利益制衡机制尚未形成的情况下，内部利益关系改革中的利益失衡难以得到有效解决，导致许多人滋生在现有制度之外追求补偿的动机，从而给企业经营管理造成潜在风险。

比如说，企业领导作为国有资产“代理人”，从早期改革中和工人一起追求小团体的商业利益，共同应对市场经济体制建立初期新制度和新环境对企业造成的冲击。等到外部市场环境逐步成熟，国有企业的自主权成长，企业领导开始追求个人利益补偿。随着国有企业逐渐出现亏损的现象，劳动者的利益被剥夺感逐渐增强，造成了许多扭曲的伦理行为，极大地增加了企业内部管理的风险。在非国有企业中，劳动保护水平低、劳动合同不执行的现象严重危害了社会关系。

（二）当前我国企业伦理的特征

1．人们的伦理意识在逐渐增强

根据对于办企业目的的调查，40.2%的被调查者认为主要是为实现个人价值，31.7%的被调查者认为是为了赚钱，还有22.0%的被调查者认为是为了国家和社会的发展（图5－2）。赚钱已经不仅仅被视为企业的唯一目的，这说明人们的伦理意识有所增强。

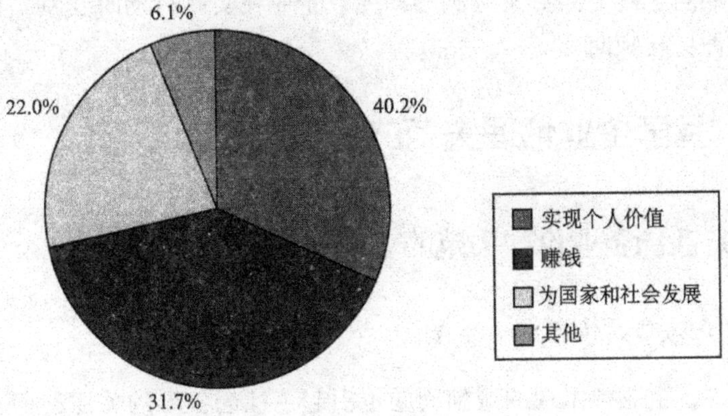

图5－2　办企业的目的调查结果

2．对于企业的低伦理状态人们更多的是一种无奈与失望

对于企业普遍低下的伦理状态，大多数的人认为这是社会风气使然，短时间内无法改变这种现状，人们只能是无可奈何。如对给有关人员和上级送礼的态度，据调查，63.6%的被调查者认为虽然不想这么做，但社会风气就是这样，没有办法；对偷漏税行为的态度，有21.99%的被调查者认为这已形成了一种风气，企业都在随波逐流。

3．人们对企业伦理有着近于理想化的期望

人们期望企业对消费者和员工负责，要求企业讲诚信、不生产假冒伪劣产品、应该经常参加社会公益活动、不应该无限制追求利润。在与政府部门交往时最希望双方是一种正常的工作关系，公事公办、平等相待；与客户交往时，互惠互利、共同发展；在竞争中遵循公平正义的原则。但是，在现实中，这些理想化的期望却不太可能做到，或做得一般。总的来说，企业伦理状况不容乐观，人们对目前企业伦理状况评价不高，期望和现实之间形成极大的反差。当然，公众对企业伦理作用程度的期望高于他们对现状的评价，从另一个侧面体现了我国企业伦理向有序、规范方向发展的趋向。

4. 企业伦理对企业有重要作用

企业伦理对于处理好企业与客户关系、树立企业的公众形象以及员工关系处理都有积极的作用，并已经得到了一定的认同，但很多时候又存在着将企业伦理作为某种工具性的管理手段，使其难以成为企业从业人员由衷接受的共同守则。面对义与利的冲突，企业在实际行动时受利益的驱动更具有一种功利倾向。

二、我国企业伦理失范的表现与成因

（一）我国企业伦理失范的表现

1. 缺乏诚信的情况广泛存在

近年来，企业中出现的诚信问题也引起了社会各界的关注，假冒伪劣商品层出不穷，虚假广告普遍存在，商业欺诈屡禁不止。

（1）虚假宣传。虚假宣传与假冒伪劣产品相似，处于成长阶段、缺乏资金和缺乏竞争力的小企业很容易出现这种情况。通常来讲，虚假宣传的主要形式是广告。虚假宣传实际上是一种错误信息的传递，也就是说广告或其他方式的商业活动与商家的实际情况不相符，从而误导消费者购买其商品。这些行为违反了商业活动中的诚实信用原则。正规企业生产的产品夸大宣传中的虚假因素，激起消费者的购买欲望，不仅是有失诚信的行为，而且是不正当竞争行为。

近二三十年，我国人民的生活水平显著提高，人们日益重视自身的健康和保健，因此保健品市场也随之蓬勃发展。21 世纪以来，人们的健康意识增强，鱼目混珠的保健品市场成了虚假宣传的重灾区。根据相关统计，近年中国保健品市场的年销售额约为 2000 亿元，其中超过 70% 有保健食品虚假宣传、夸大功效的现象。例如，2011 年 1 月 17 日，南宁市工商局执法人员检查发现，春节购物“同济野生全松茶”涉嫌虚假宣传，制造商宣称产品可以治疗失眠、便秘、腹痛、头晕、耳鸣、心脏病，被执法人员发现它并不是药物，治疗效果不能明确，因此涉嫌虚假宣传。相近的例子随处可见。无论是在电视广告还是平面广告中，都经常发生这种虚假的、有失诚信的宣传，严重影响了市场经济的完整性。

（2）制造假冒伪劣商品。“假冒伪劣”可分为假冒商品和伪劣商品两种类型。假冒商品是指使用不真实的商品名、商标、标识和生产厂家，使消费者误认为该商品是正版的商品。伪劣商品则是指质量低劣甚至失去产品性能的商品，这种商品通常存在较为严重的质量问题，产品安全存在隐患。

在社会转型时期，假冒伪劣商品几乎涉及所有行业，并且多数是中小企业为之。例如，假药、假烟、假酒、假化肥等。2013 年，全国工商机关共处理消费者投诉 101.64 万件，比上一年增加 12.37 万件，增幅为 13.85%。这是自 1999 年“12315”电话开通以来投诉数量首次突破 100 万件，已办结 96.90 万件，办结率为 95.34%。此后，消费者投诉量不断增多，仅 2017 年上半年，全国工商和市场监管部门共受理消费者诉求 396.98 万件，同比增长 3.1%。其中，投诉 93. 25 万件，举报 18.02 万件，咨询 285.71 万件。

最近十多年，由于制造业快速发展，假冒伪劣产品危害社会、危害群众的案件数不胜数。每年的“3·15”消费者保护日都会揭露许多假冒伪劣产品。企业生产假冒伪劣商品，可以在短时间内大幅度降低成本，创造高额利润。市场上大部分假冒伪劣产品都是由规模有限、资金有限的中小型企业制造的。企业要想长期生存和发展，这种越轨行为显然是需要纠正的。

（3）泄露消费者个人信息。据统计，中国每年由于造假和商业欺诈造成的损失约占 GDP 的 5%。如果不能有效地防止这种现象的扩散，不仅会丧失经济效益，而且会丧失社会诚信。

在银行、电信运营商和其他大型企业中经常出现消费者个人信息泄漏现象，随着网上购物、客户管理的兴起，消费者的个人信息越来越多，也越来越容易被中小企业获取，特别是电话、电子邮件、QQ、微信、家庭住址等个人信息经常需要在交易过程中相互绑定，有些企业不重视对这些信息安全的保护，甚至忽视了个人信息的买卖现象，给消费者带来了许多不必要的麻烦，也为不良分子提供了犯罪机会。

现代社会公民个人信息属于重要个人隐私，对于公民来讲个人信息的保护非常重要。一些中小企业注意到了个人信息的价值，并有意无意地将这些信息泄露出来。这种行为介于法律与道德之间，有必要通过企业伦理建设来促进对消费者个人信息的保护。

消费者个人信息保护问题引起国家相关部门的高度重视，2010 年 4 月国家工商行政管理总局在官方网站发布了《网络商品交易及有关服务行为管理暂行办法（征求意见稿）》，特别指出，网络经销商对持有的消费者个人信息负有安全保密、合理使用、限期持有和妥善销毁的义务。

假冒伪劣商品、虚假广告制作、商业欺诈、消费者个人信息的披露是在社会转型时期中小企业信用缺失的普遍现象，虽然这种现象已经引起了社会的关注，但在企业经营中的信用问题依然严重，危害性也强。

（4）商业欺诈。我国正处于经济转型时期，此时少部分人为了追逐经济利益，各种各样的商业欺诈行为应运而生。商业欺诈是指在市场交易、投资或者服务的过程中，以虚构隐瞒事实、签订虚假合同等方式，误导、欺骗其他企业、单位或个人，达到骗取钱财或经济物质利益的行为。企业商业欺诈行为是在取得合法的法人资格后，在利益驱使下，扭曲价值观而做出的非法行为。一般情况下企业商业欺诈的欺骗性比较强，使人容易上当。

企业商业欺诈有很多形式，并且层出不穷，较为常见的有合同诈骗、空头支票诈骗、运输诈骗、信用诈骗等，这是企业对企业、单位的商业欺诈。企业对个人消费者最常见的是“宰客”，也就是侵害消费者合法权益，获取非法利润的行为。商业欺诈行为对社会产生了极为不利的影响，行骗者一般在得手之后逃之夭夭，严重影响并侵害了消费者的合法利益。此外，商业欺诈行为严重干扰了市场经济秩序，扭曲了市场对资源的合理配置，使得市场交易成本不断上升，造成了严重的经济损失。

2. 安全生产事故时有发生

作为全球最大的发展中国家，我国的生产力水平虽然处于不断进步之中，但从目前来看，安全生产的投入仍然存在许多不足。尽管政府相关部门对企业安全生产问题高度重视，但是，国家安全监督管理总局的统计数据显示，新世纪的前后10年，企业因事故死亡的人数非常之多（见图5-3），安全生产事故给人民的生命财产安全造成了严重的损失。另有统计显示，新世纪以来，即2001年以来，全国发生的重特大事故70%发生在非公有制中小企业，中小企业的安全生产事故占企业事故中的很大比重，中小企业安全生产形势严峻。

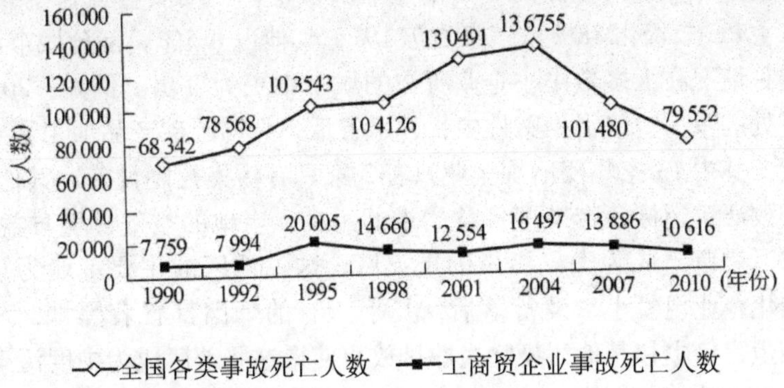

图 5－3　1990—2010 年全国各类事故及工矿商贸企业事故死亡人数统计①

发生企业安全生产事故，一方面反映出我国安全生产技术和管理中存在许多问题；另一方面，反映了企业管理者在追求经济利益的同时，对煤矿安全生产问题存在轻视现象，特别是在建筑、化学加工工业等领域，生产安全事故多发、频发的趋势尚未得到根本扭转。在小煤矿事故中，瓦斯爆炸、火灾、透水事故，矿井冒顶频繁发生。中小企业存在安全生产责任不明确、安全生产工作薄弱、安全生产意识落后等问题，使中小企业成为安全事故的易发群体。

工业化加速发展的社会转型期，各类生产安全事故多发、频发，尽管在政府和各界人士的努力下，总体水平相对稳定，但情况仍然非常严重，因此，有必要从中小企业提高生产安全水平的商业伦理的角度进行讨论。

3. 生态环境破坏严重

目前来看，我国部分地区的大气、水体和土地受到污染的情况比较严重。根据国家环境保护部发布的《2012 年中国环境公报》：全国共出动执法人员 255 余万人（次），检查企业 100 余万家（次），查处环境违法问题 8779 件，挂牌督办环境违法案件 1770 件；对生产、已停产或停产整顿的铅蓄电池企业加大监管力度；完成环境安全百日大检查，检查企业 4.3 万家，发现重大环境安全隐患 2296 个，整改 2245 个，挂牌督办企业 105 家。

（1）对大气的污染。企业空气污染严重，污染物种类繁多。它们的物理化学原因比较复杂，给治理带来了困难。

① 国家安全生产监督管理总局：《年度统计分析》，国家安全生产监督管理总局网站，http：//WWW. chinasafety. gov. cn/newpage/aqfx/aqfx_ ndtjfx. htm.

在国家环保部门检测的113个重点城市中，空气质量达到一级水平，仅占3.4%，二级占88%，三级占7.1%，其他占1.5%，部分城市污染严重。这种情况在大多数中小企业所在的城市中更为突出。例如，2008年，国家查处的重大空气污染案件中，甘肃省瓜州县柳园矿产品加工区空气污染严重，其中13家集团冶炼企业只有2家具有污染控制设备，其他11个大气排放严重超标，带来了日益严重的污染，当地的空气环境日益恶劣。山西省吕梁市已成为大气污染的重灾区，这一地区的主要工业为焦化行业，焦化企业规模小、设备落后，几乎所有的烟囱都冒着黑烟，灰尘满天，烟尘、粉尘和其他污染物大肆排放，使得这些地区成为中度污染区。

（2）对水体的污染。2011年中央1号文件指出："水是生命之源、生产之要、生态之基。兴水利、除水害，事关人类生存、经济发展、社会进步，历来是治国安邦的大事。"然而目前我国的水污染非常严重，十大流域的水质没有一个是不经污染的。图5-4为2012年十大流域水质类别比较。

污水和污染物的排放是造成水污染的主要原因，尤其是中小型企业处理污染物的能力和技术含量较低，对水污染的影响更为严重。例如，在2009年7月23日，山东省南涑河突发性砷超标的现象，导致江苏邳州境内邳苍分洪道、武河、沙沟河等多条河道水质砷污染，随后的调查证实，污染事件的主要责任者是山东省临沂市亿鑫化工有限公司。4月，这家公司私自安装有机反应釜来生产饲料添加剂，生产过程中产生了大量含砷废水，而他们对废水无处理技术和设备。7月下旬，该企业在汛期未经允许偷偷排放了未经处理的废水，并最终导致严重的跨省水污染。

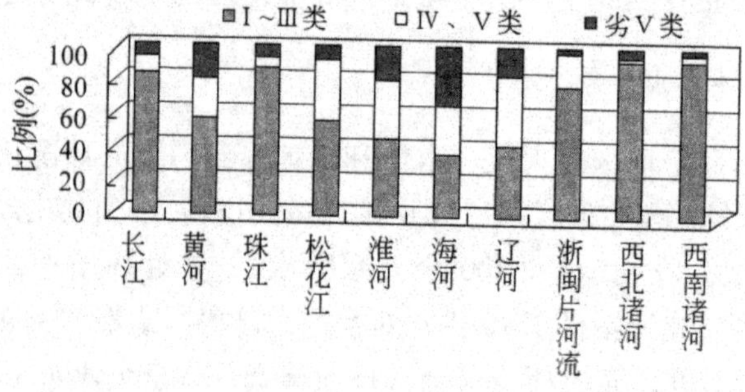

图5-4　2012年十大流域水质类别比较

（3）其他污染。企业对于其他方面的环境污染也不容忽视。例如，对土壤、林地、草原等的污染。这些方面的案例比比皆是。2009年7月，湖南浏阳发生镉污染事件，造成2人死亡、500余人尿镉超标，厂区周边土壤、农田、林地等污染严重，其原因是一家名为湘和化工厂的企业肆意排污。2009 年 8 月，陕西省凤翔县发生铅中毒事件，其中两村 731 名儿童中 615 人血铅超标，其中 163 人中度铅中毒、3 人重度铅中毒，经检测确认东岭冶炼公司是导致铅污染的主要原因。因此，在全国范围内中小企业对于生态环境的污染形势不容乐观，如果不能有效制止各种污染行为，可能会造成难以挽回的局面。

生态环境的破坏引起了更多的自然灾害，全球变暖、气候异常、极端天气频繁、多灾并发，局部地区旱情、汛情、灾情频超历史纪录，经济损失严重。以 2010 年为例，根据民政部报告，2010 年我国重大自然灾害连发，灾害种类多，洪水、旱灾、地震和地质灾害影响突出，城市受灾严重，经济社会影响程度深。据统计 2010 年全国各类自然灾害共造成约 4. 3 亿人次受灾，直接经济损失 5339. 9 亿元。

4. 偷税漏税现象严重

近年来，比较突出的现象是增值税发票的非法买卖和假发票的制售。企业为了偷税漏税铤而走险，结果付出了沉重的代价。

国家税收制度明确规定了企业需要缴纳的税款、缴纳的税款方式以及时间。企业可以按照规定独立履行纳税义务。但从实际情况可以看出，有些企业往往不会主动按时纳税，也不主动按规定纳税，纳税过程中总会出现一些“意外”，经常出现偷税漏税的现象。

企业偷税漏税方法有隐性收入，伪造或不开发票，虚增可扣除成本等方式，这些行为都有意或无意地使用非法手段，从而达到减轻税收负担的逃税目的。随着税收制度的进一步完善，企业的偷税行为正朝着隐蔽、欺诈、智能的方向发展，这给我国税收秩序的正常运行造成了严重伤害。

影响中小企业自主纳税的因素多种多样。首先，税收制度的完善不仅需要法律法规的制定，同时也需要税收征收机制的科学合理，特别是对中小企业缺乏有力的税收政策支持，极大地影响了中小企业的纳税热情；其次，中小企业的合法纳税意识欠缺，缺乏法律知识，没有认识到纳税是企业的基本义务，错误认为逃税有利于企业的发展。在社会转型时期，抑制偷税漏税对于市场经济的良性发展和社会经济环境的净化至关重要。

5. 广泛存在不正当竞争现象

现在企业竞争日趋激烈，这让很多企业都陷入不正当竞争的泥潭，不正当竞争行为的表现不断增多。

(1) 侵权行为。企业侵权行为是指企业主体违反相关法规，用不正当的方式侵害其他企业合法权益的行为，一般以包括商标、名称、包装、专利技术等的知识产权侵害为主。由于我国知识产权保护体系建立起步较晚，社会转型时期的相关法律、法规还有待完善，加之中小企业伦理自律的缺失，企业侵权案件居高不下。2013 年，全国各级人民法院共审结各类知识产权一审案件 10.0399 万件。其中，地方各级人民法院共新收知识产权民事一审案件 8.8583 万件。这说明全社会知识产权保护的意识在提高，同时侵权问题依然严重。中小企业由于技术水平低、知识产权意识薄弱，企业侵权行为表现较为突出，例如商标模仿、包装模仿、窃取核心生产技术等经常在中小企业中发生。

（2）商业贿赂行为。商业贿赂是一种不正当的竞争，如果说企业不利用提高产品质量，提高生产技术等正确方式来参与市场竞争，而是利用商业贿赂行为促使其产品销售增加，违背公平竞争原则，损害了其他企业的合法权益，就构成不正当竞争。商业贿赂有多种形式，既可以是物质贿赂，也可以是现金贿赂。最近一些年，由于社会服务业的发展，出现了一些更加隐蔽的贿赂形式，企业会向受贿者提供各种服务和利益，使得对商业贿赂案件的调查十分困难。

商业贿赂行为严重破坏了市场经济的公平竞争原则，造成中小企业之间的恶性竞争不断，不仅给社会风气造成不良影响，也会给转型期中的社会带来不和谐的因素，从而影响经济的健康发展和社会的和谐稳定。如果不停止商业贿赂，任由其蔓延，大量小而缺乏竞争力的中小企业将成为商业贿赂的重灾区。

（3）恶意攻击竞争对手行为。对竞争对手的恶意攻击，意味着以各种方式散布不公平和诽谤信息，使竞争对手陷入困境，达到削弱对方竞争力的目的。在互联网广泛应用之前，企业对对手的攻击通常没有明显效果。随着网络的迅速发展，近年来发生了许多传播和侮辱竞争对手的事件。它们传播迅速，传播广泛，产生了巨大的社会影响。

恶意攻击竞争对手，代价是巨大的。首先，当公众知道真相时，会强烈谴责，并对企业发起恶意攻击，社会声誉和企业形象将受到严重损害。其次，不管是恶意攻击的实施方还是受害方，在类似事件之后都要付出沉重的代价，需要耗费巨大的人力、物力和财力，以弥补事件造成的损失，特别是对恶意攻击的受害方是一种极大的不公正，对于市场经济的平稳运行是一种严重的干扰。

（4）商业信息窃取行为。对中小企业来说，想要提高竞争力，掌握优势信息将起到非常关键的作用。有些中小企业非法获取重要信息，未经授权进入对方计算机系统，获取其业务信息以击败竞争对手。利用互联网窃取金融信息、生产技术、营销网络等商业秘密信息，是随着网络的发展而出现的一种不正当竞争手段，也是当前网络犯罪的典型。互联网的发展为中小企业提供了新的契机，网络能为中小企业提供一个更为广阔的获取信息的空间，但如果使用在不正当的场合，就会让中小企业成为不正当竞争的新战场。在这种情况下，政府对企业伦理的干预是非常必要的。

不正当竞争不仅包括商业贿赂、恶意竞争、侵权、商业信息窃取，还包括市场垄断、产品倾销等不正当竞争，它们具有许多相同的特点。它们都违背市场经济的公平竞争原则，损害其他企业的合法利益。不正当竞争的后果不仅是经济损失，而且还对社会风气和市场秩序都会产生不良影响。迫切需要通过构建企业伦理来减少中小企业的不正当竞争行为。

6. 对员工的非人本化管理

企业伦理失范行为中，还有一个不容忽视的问题，就是对员工的非人本化管理。改革开放以来，中国的劳动关系发生了很大的改变，劳动关系双方的权利、义务、地位都比较明确。但是，随着社会转型的发展，劳动关系也呈现日益复杂的趋势，劳动争议与投诉日渐增多，这与企业的非人本化管理密不可分（见图5－5）。据统计，2012年立案受理劳动争议案件64.1万件，涉及劳动者88.2万人，集体劳动争议案件7252万件，涉及劳动者23.2万人，其中企业与员工之间的争议与纠纷占了很大比重，尤其是管理涣散的中小企业。①

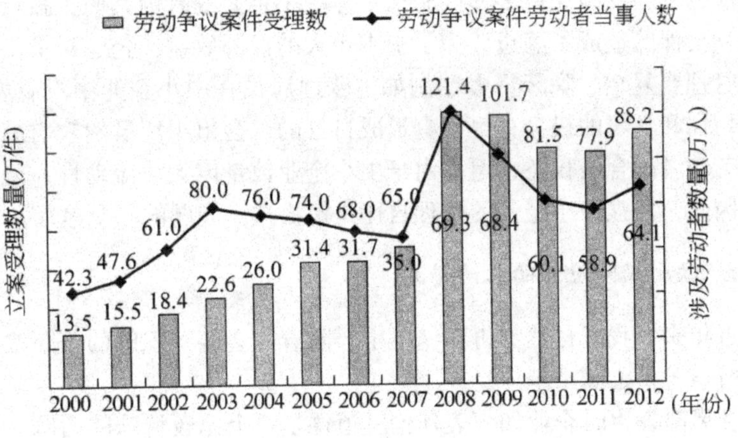

图5－5　2000—2012年全国立案受理劳动争议及涉及劳动者数量统计

企业对于员工的非人本化管理表现在很多方面，员工权益的受侵害面

① 国家统计局网站，http：//data. stats. gov. cn/workspace/index？m＝hgnd.

无所不包，尤其是在经济落后的偏远地区，这些现象更加严重。

（1）员工工作环境恶劣。据相关部门统计，目前我国企业中从事与职业病有关的有毒有害工种的员工超过2亿人，特别是中小企业员工的工作环境在卫生、安全方面大多都不符合标准。一些中小企业生产设备落后，员工直接接触有毒有害的粉尘、污染物，在噪声和高温环境下工作，这些现象在农民工身上表现更为突出。工作环境不安全易引发安全生产事故，危及员工的生命财产安全。

（2）员工工作超时。按照《劳动法》的要求，员工每周工作时间是40个小时，每月加班时间不超过36个小时。工作在中小企业的员工的实际情况却与之大相径庭，很多员工经常加班加点，并且没有得到应有的报酬，特别是那些生产季节性较强、突击完成生产任务的企业，员工每天工作时间有时长达十几个小时。

（3）对员工的就业歧视。中小企业在招聘员工时经常以性别、户籍、年龄、相貌等进行限制，很多企业在招聘过程中因为类似的歧视与应聘者发生冲突，还有一些不正规的中小企业以扣押员工证件、工资等方式限制员工辞职。2007年曝光的山西黑砖窑非法用工事件是强迫员工劳动的典型案例。同时，企业无故、随意辞退员工的现象也时有发生。

（4）员工社会保障缺失。《劳动法》规定，企业必须为职工办理和缴纳社会保险，实际情况是许多中小企业没有遵守法律法规的要求为职工支付相应的社会保险。许多非国有或个体中小企业没有为其职工投保，给职工的社会保障造成了隐患。为了追求更大的经济效益，企业对员工的非人性化管理要复杂、隐蔽得多。例如，普通雇员在中小企业中没有发言权，没有培训和学习的机会，也没有形成自己的工会组织。虽然政府高度重视保护劳动者的合法权益，但是由于中小企业数量庞大、流动性、隐蔽性较大，因此，加强中小企业的伦理自律是解决这一问题的一个途径。

7. 缺乏风险应对的正确措施

近年来，我国自然灾害频繁发生，随着社会慈善氛围的不断浓厚，企业进行慈善捐赠越来越广泛。

在风险发生时企业如何表现伦理道德是一个比较特殊的话题，风险环境下的社会责任履行不同于日常经营中社会责任的担当，对企业提出了更高的要求。在自然灾害风险发生时，企业出于慈爱之心，通过无偿捐赠的方式将其合法财产捐赠给灾民或其他受赠对象，以实现帮助受灾群众的目的. 这是企业的应有之义。

在中国1000万家各类型企业中，有过慈善捐赠记录的仅为10万家，所占比例仅为1%左右，余下99%的企业都没有履行这方面的公益责任。另据统计，中国每年募集到的慈善款物接近50亿元人民币，大约占GDP的0.5%，而在美国这一数字却是8%~9%，相差悬殊。与社会公众对于企业的期望相比，企业履行公益慈善责任远远不够，而中小企业的慈善表现更是欠佳。令人担忧的是，有一些中小企业在风险环境下不仅没有表现出慈善行为，反而以哄抬物价、垄断销售等行为赚取高额利润，这些行为应当受到更加严厉的惩罚。

在社会出现风险之时，一些企业往往表现出冷漠和自私的态度。随着社会转型的深入，许多社会矛盾日益显现。近年来，发生了一些危害社会稳定和社会保障的事件。事实上这些相关事件和就业困难、社会困难之间存在很大关系，甚至一些事件是由于企业内部管理不当造成的。从社会的角度来看，企业与这些事件之间有直接或间接的联系。从社会责任的角度来看，企业应该帮助政府化解社会风险，维护社会和谐稳定。此外，公共卫生事件、重大污染事故等也是社会风险类型，在解决这些事件时，中小企业发挥作用的例子很少。它们常常把自己置身事外，没有成为公用事业的积极贡献者。

（二）社会转型时期中小企业伦理失范的宏观原因

1. 对精神文明建设重视程度不够

精神文明是物质文明建设的主要支撑，是物质文明健康稳定发展的根本保障。精神文明对物质文明起引导作用，离开精神文明建设，物质文明建设就很难维系。只有树立了正确的世界观、人生观、价值观，有了真、善、美的道德情操，才能在正确精神思想的引导下以良好的行为进行物质文明建设。失去了精神文明的约束，单纯追求物质享受，就会在欲望极度膨胀的情况下变得腐朽、堕落、罪恶。

“精神文明和物质文明两手都要抓”是我国社会主义建设的重要指导原则。但是在具体的落实过程中，精神文明总是不能引起足够的重视，尤其是在向物质文明过度倾斜的情况下，精神文明建设就显得力不从心，甚至产生了一些观念上的误区。

（1）将精神文明和物质文明对立，认为精神文明建设会拖累物质文明建设，在进行物质文明建设的过程中排斥精神文明建设。

（2）认为精神文明没有必要倾注特别的力量，因为精神文明会随着物质文明的提高而得到提高。物质文明发展了，精神文明自然就会得到改善。在实际工作中将精力全部投入物质文明建设，对精神文明不管不问。

（3）认为精神文明成果不可见，而物质文明成果可见。在功利主义思想的影响下急功近利，将精力投向那些能够快速见效的物质文明建设中。

这几种错误的观点证明当前企业界和社会上出现的伦理道德失范不仅受客观原因影响，主观上对于精神文明建设的忽视也是不容置疑的，这也是长期以来精神文明建设成效不佳的根本原因。

另外，在社会转型时期，根据旧有的经济形态建立的道德规范体系随着经济基础的消散逐渐瓦解，而适应新经济形态的价值观和道德规范体系还没有完整地建立起来，从而造成社会道德行为规范缺位。

2. 经济体制改革进程中的经济失调

中国社会跨越了资本主义阶段，直接进入社会主义时期，然而中国特色社会主义建设却不能够跳过市场经济发展阶段，而是必须遵照市场规律逐步发展。在社会主义初级阶段的市场经济建设初期，新旧经济体制转轨，容易出现一些不良现象，这可以从市场经济的特点以及中国的国情两个方面进行分析。

中国的市场经济体系还处在不断完善当中，新旧经济体制转轨是发展过程中的一个重要特征。首先，随着经济体制改革的不断深化，中小企业经营逐步走向市场化，但是却经常受到旧体制残留的影响，因为计划经济时期权力过于集中的弊病仍然存在，造成商品形态市场化与经营流向权力化的矛盾现象，这就极易造成经济调控失衡，并且容易存在监管漏洞，使中小企业经营陷入盲目短视、急功近利的状态。其次，市场经济建设初期，原始资本积累压力巨大，很多中小企业受到这方面的刺激采取盈利为上的经营观念，为了积累资本不择手段，采取各种不正当竞争方式，出现各种不道德的经营现象。

3. 法律制度体系的完善滞后

法律制度不健全是造成中小企业伦理失范行为管制缺位的重要原因，主要体现在三个方面。

（1）法律意识淡薄。通常情况下，企业会以法律作为经营行为的最低标准，即只要不违反法律就是可行的。实际上，企业对于法律的真正内涵和法律规定不知甚解，法律意识淡薄，企业行为经常处在违法边缘，一旦利益驱动。很容易做出违法的举动。

（2）法律制度缺乏系统性。我国的社会转型不是对某一社会模式的效仿或照搬，而是在“摸着石头过河”的过程中逐步完善，法律制定往往滞后，并且相关法律之间缺乏紧密的联系性，难以形成系统的法律制度体系，存在的漏洞和缺陷仍然很多。

(3) 法律制度执行力欠缺。近年来由于不良社会风气的侵蚀，有法不依、执法不严的情况时有发生，甚至官商勾结，规避法律，造成法律强制力减弱，极大地影响了对于中小企业伦理失范行为的管束。

法律制度建设落后使之对中小企业行为调节缺乏刚性。没有法律制度作为支撑，伦理道德建设就会显得缺乏力量。只有法律与伦理共同建设、协同发展，才能有效约束中小企业行为，使之步入良性循环的轨道。

4. 社会舆论监督乏力

在信息化高度发达的今天，媒体舆论对中小企业伦理失范行为应当起到良好的监督作用，对企业伦理建设也应发挥重要的推动作用，媒体舆论对于社会伦理道德的促进能量不可低估。

社会舆论对企业伦理失范行为应当发挥监督作用，然而由于舆论力量的分散，社会舆论监督的实际效果并不理想。舆论监督意识不强，在很多情况下，社会各方没有意识到自己所能发挥的舆论监督作用，忽视了社会舆论对企业伦理失范问题所能发挥的强大监督作用。

当前的媒体舆论却出现了一些令人失望的状况，市场经济的负面作用在媒体方面也有所体现。近年来虚假报道、有偿报道屡见不鲜，更有不负责任的媒体为了经济利益而播放大量虚假广告，使消费者蒙受巨大损失。一些媒体在企业出现重大伦理失范行为时收受贿赂，帮助企业粉饰或掩盖其不当行为，失职于新闻媒体应当具有的职责。媒体社会责任意识的迷失降低了其监督企业社会责任的效果，也为那些败德的中小企业提供了舆论生存空间。①

5. 外来文化的消极影响

西方资本主义价值观念的入侵也是造成企业伦理失范的原因之一。改革开放将中国带入社会转型时期，经济的开放、文化的开放、思想的开放使得西方文化思想的精华与糟粕一起涌进国门。西方发达国家的先进技术、科学的管理理论、民主平等的管理模式为中国企业注入新活力，个人主义、利己主义、拜金主义的西方腐朽思想对经营理念并不成熟的中小企业经营者也产生了巨大的消极作用。

西方一些国家经常戴着有色眼镜看待中国的发展，并运用一切可能的手段对中国进行“西化”和“分化”。在经济领域、政治领域以及社会各

① 陈宗兴：《中国企业社会责任建设蓝皮书（2010）》，265页，北京，人民出版社，2010.

个领域，一些势力不遗余力地鼓吹西方资本主义的价值观念，进行文化侵蚀，一些意志不坚定的国人便随波逐流，受到西方腐朽价值观的影响，爱国热情和社会责任感受到了冲击，道德观念遭到了破坏。

（三）社会转型时期中小企业伦理失范的微观原因

1. 企业社会责任意识模糊

企业社会责任意识模糊是导致其履行社会责任能力不足的主要原因之一。很多企业经营者只是了解或知晓企业社会责任这一概念，对其具体含义和内容却知之甚少，在行动上更加难以做到严格履行企业社会责任。

由于一些企业管理理念落后，在追求经济利益的过程中，往往采取原始野蛮的方法，如延长员工的工作时间、降低原料成本、技术与生产环境长期维持不变。这些企业没有意识到对员工负责、保证产品质量、改善劳动环境、提高生产技术降低能耗等是企业应当履行的社会责任。

此外，一些企业通常不具有长远战略规划，仅将发展目光局限于眼前和短期，没有将自身的发展愿景与社会相联系，将企业自身孤立于社会发展环境之外，这样的观念就会造成企业对于社会责任的漠然。

2. 企业自律的缺失

目前中国对于企业伦理失范行为的制约更多地表现为他律，既有法律制度对于企业行为的限制，也有政府、社会公众等对企业行为的戒律，形成了一股以强制性为主要特征的企业伦理道德氛围，企业本身对于其行为的自律却异常缺失。这里暂且不考虑他律效果的淡化，仅就自律效果看，中小企业还处于自我伦理道德选择的觉醒阶段，企业自我约束力非常匮乏。

此外，在社会转型过程中，市场更具有开放性和自由性，这无疑增强了中小企业之间的交流，对于企业增强创新意识和危机意识都具有积极作用，但是也存在一部分中小企业看到自己与其他企业之间存在着巨大差距时，自我约束力就变得更加不堪一击。失去了自律的企业非常容易陷入错误的泥潭。

3. 企业生产价值链条的制约

在商品生产价值链条中，大型企业一般处在价值链高端，生产技术、创新能力、品牌效应都具有显著优势；而中小企业则处于价值链低端，以生产成本低、劳动力廉价取得竞争优势。因此，在市场竞争中，大型企业一般处于主导地位，竞争实力不容撼动。而中小企业由于生产技术落后、产品可替代性较强、竞争者众多的原因，形成了非常激烈的竞争。中小企业只能通过降低已经十分微薄的利润取得优势，为了盈利，很多中小企业采取偷税漏税、克扣工资、恶意攻击等方式。这些处在价值链低端的中小企业多呈现微薄利润或毫无利润的窘态，处境十分艰难。在这种情况下，让它们自觉承担企业社会责任的确存在很大的难度。

西方资本主义国家科技发达、生产力水平很高，但是它们对中国企业却始终在生产技术方面设置较高的壁垒。中国中小企业自主创新能力薄弱，技术升级难度很大，生产污染和高耗能问题依然严峻。西方国家将一些高污染、高能耗的产品拿到中国进行外包加工，利用中国廉价的劳动力赚取高额利润，部分企业为了求得生存不得不承接这些生产任务，从而进一步加重了中国生态环境的破坏。

4. 企业风险关联视角的局限

社会转型时期的风险具有关联性和网络性，任何潜在或可能爆发的自然风险和社会风险都不再是孤立的，这也是全球化带来的结果。然而，一些企业却认为自身规模有限、影响力小、辐射面有限，因此协助政府和社会应对风险的任务应当由更具实力的大企业完成。它们认为风险需要与其他企业共担，存在向其他企业看齐攀比心理。

社会转型时期抵御风险需要所有企业共同参与，如果所有企业都以与己无关、它行我行的态度对待这个问题，就会形成企业漠视社会责任的尴尬局面，风险一旦发生迟早也会殃及企业自身。我们倡导的是调动所有中小企业的积极性，以身作则、首发示范，将每一个企业有限的力量投入无限的公益事业中，协助政府和社会共同抵御复杂多变的各种风险。

第三节　我国企业伦理构建对策

有效的制度供给通过一系列的政策、法规、条例、管理规章等构成的制度体系体现出来，通过约束机制和激励机制可有效地降低交易费用，即降低现实世界存在的信息不对称，抑制人的机会主义行为倾向，从而降低交易成本，提高收益。若缺乏有效的制度安排，将会增加交易的复杂性和不确定性，为钻空子、投机取巧的非伦理行为打开方便之门。

一、外部制度

（一）政府行政制度

在运用市场机制这只“看不见的手”促进资源的合理配置的同时，由于市场本身所固有的缺陷，如市场中公共产品的提供、自然垄断、外部效应、经济周期、收入分配不公及不完全，市场、信息不对称等方面的原因会导致市场失灵，政府必须介入。企业诚信的建立和维护，政府是一个不容忽视的主体。

1. 政府行政的伦理原则

政府行政要遵守一定的伦理原则。具体为以下几个方面。

（1）责任精神。政府要承担来自《中华人民共和国宪法》和法律所规定的责任，并向所有公民及他们的代表机关负责。国家行政机关及其工作人员在违法失职或不当行政时必须承担道义上、政治上和法律上的责任。

（2）公正精神。政府作为公共权力的拥有者，其主要的职责就是维护和实现社会公平、公正。“自由社会的政府是价值的权威分配者，它所用的不可量化的尺度是正义和社会福利。”政府要为经济主体提供一个公平的竞争环境，而不是直接参与竞争、管理经济，政府必须在市场主体之间保持公平和中立。政府应发挥调节收入分配的作用，所提供的社会福利、可提供的机会尽可能大地在社会成员之间公平分配，使社会分配公平合理，防止贫富悬殊和两极分化；建设公平竞争的市场环境，对各类经济主体一视同仁；关爱弱势群体，维护社会正义。

（3）自律意识。自律是指自我约束、自我规范和自我节制。社会结构的变迁使现代社会的伦理关系发生了很大的变化，人伦关系的复杂多样性和现实生活的丰富性使现有的道德规范难以涵盖一切关系和行为，人的活动范围的扩大和流动性的增加使外在的他律约束力日益减弱，行政自由裁量权的不断扩大使公共管理者有了更多地发挥其主动性和创造性的机会。因此，基于对道德规范的本质和精神理解的自律精神就成为服务型政府的伦理精神。

2. 强化政府决策的科学性，提供相对稳定的政策环境

严格执法和依法行政是建立市场秩序的有力保障，具体来说有以下几

个措施。

（1）要加强严格执法、依法行政的自觉性，提高政府的公信力。政府权力过于集中、宽泛，最容易产生法治真空和德治真空，也最容易产生诚信缺失。严格执法首先必须要求在法定的范围内行使权力。对公众来说，法无禁言即为自由；但对行政机关来说，法律只有明确授权了，行政机关才能享有相应的职权。

（2）严格执法必须遵守法定的程序。程序是公开的、看得见的正义，任何违反程序的行为都具有明显的违法性，由此造成对公民和法人的损害，受害人有权请求损害赔偿。

（3）严格执法特别要强调必须依法作为。在实践中，大量的行政违法行为主要表现为行政不作为。如应当监管的不予监管，应当处罚的不予处罚，致使一些假冒伪劣等损害市场秩序的行为得以滋生蔓延。

信用制度的建立需要相对稳定的政策环境，政策环境越不确定，人们就越追求短期利益。因为不确定性的增加等价于博弈重复的可能性的降低，人们将更没有耐心建立信用；不确定性也增加了观察欺骗行为的困难，因为违约者更容易把坏的结果归因于不可抗拒的外生因素。

因此，政策的不确定性会大大降低企业追求信誉的积极性。市场经济的有序运行需要强有力的制度作保证，而制度则需要政府的组织论证和制定。

3．政府在信用建设中的作用

我国国内还未有这样的权威性机构，现有的一些资信调查机构由于渠道闭塞以及信息不完善，难以提供准确信息，并且机构本身的可信度也令人怀疑。政府要创造条件，使一批按市场游戏规则运作的从事征信、评级和调查的企业成长起来，实现征信数据的开放和商业化，达到社会信息相对称，从而尽可能减少因信息不对称而损害交易主体利益的情况发生，减少企业反伦理现象的发生。

应由政府出面与银行、中介部门、税务、海关、工商及驻外机构（如大使馆、领事馆及商务处等机构）等政府部门相互协调，建立全国性的、公开的、综合的社会信用信息网络，以提供各种实体，如国企、私企、个体户的各种信息，包括它们的一般状况，如性质、资格、登记注册状况、法定名称、住所、营业范围、主营业地的详细地址；经济状况，如注册资本状况、资产负债状况、生产经营状况（如近几年的盈亏情况、产品销售情况、在国内外市场上竞争能力的强弱情况）；商业信用信誉状况，如经营作风、产品或服务质量、年检情况、履约信用以及与金融、政府、司法等机构的关系等。其次，政府要培育和发展一批具有相应执业能力和职业道德的信用中介机构，为社会提供高质量的信息服务。在美国有郑百氏这样有实力的提供高质量信用产品的机构或企业，可对每个个体的资信状况给予权威的评价。

合伦理的共识和理念的形成，需要全社会加强信用教育和宣传，政府在此是一个关键的主体，政府应切实保障公民的义务教育，并将对信用观念、信用意识、信用道德的宣传和教育贯穿在从基础教育到高等教育的实践过程中，从而提升全社会，包括企业的伦理水平。

4. 转变政府职能、准确定位角色

传统体制下政府具有集财产所有权、行政管理权和调控权于一体的特征，这集中体现为行政化过度干预，角色和职责不对称，产生地区封锁、部门割据、行业垄断的“刚性”，引发市场不公平竞争，企业经营行为紊乱。

对现代市场经济的分析说明，政府角色和职责的错误定位和对外经济活动的不适当干预往往会使市场经济运行紊乱失调，因为政企不分必然造成职能错位和产权不清，进而引发企业经营行为中的种种不道德选择。

要使企业经营者行为遵守道德规范，就必须按照现代市场经济要求，实行政企分开，重新界定政府的角色，分解政府的职能，充分发挥政府宏观调控的职能，减少政府对企业管制，建立适应市场经济内在要求的新的产权规则和调控规则，通过明确产权边界使企业真正成为市场竞争的主体。

政府的职能定位是服务型政府，这并不是要放弃政府对社会的管理，而是强调要把管理纳入服务的视角。服务是一种理念，政府为社会提供的是服务型的管理。政府的经济职能在于培育市场体系，建立并维护公平、竞争、有序和充满活力的经济秩序，创造良好的经济发展环境；处理经济活动的“外部性”，实现外部效应内部化；提供公共产品，合理组织非市场经济领域活动；保护竞争，防止垄断；调整收入再分配，建立健全社会保障体系；采取必要的调节措施避免经济运行的周期性震荡。

5. 完善和加强对行政行为的监督

政府的权力必须受到立法和司法的监督与制约，以确保行政责任的忠实履行。有法可依、有法必依、执法必严、违法必究，过错受追究是获得公众信任、维护公众合法权益、树立司法权威和实现政府价值的一个有效途径。

（1）完善行政机关内部监督机制，即行政系统的自我制约机制，需要进一步建立和完善行政许可、行政复议、行政处罚、行政强制等制度。

（2）加强司法的监督。完善和健全政府诚信的司法监督，通过法律手段对政府失信的运行程序展开合法性监督，从源头上遏制违法决策，对造成重大后果的政府失信行为予以法律追究。

（3）加强和完善人大机关、司法部门、人民群众和新闻媒体对行政组织及其个人的监督。要加强各级人大对政府诚信制度的合法与合理性的监督，完善政府官员的非诚信行为的约束与监督，建立科学合理的检查、评估和任用制度，对政府组织和个人行政全过程实施监督。

此外，各种治理市场秩序的制度安排都有其特定的功能，不能因为比较其作用效果而得出某种制度可以替代另一种制度的结论，只能说一种制度的缺陷可以被另一种制度所弥补。

（二）失信惩罚机制

纳什均衡理论表明，各方平等交易并从交易中获益是理想的交易状态。但是，由于不同经济利益主体通常存在利益差别和矛盾以及信息不对称状态导致交易过程中出现“逆向选择”“道德风险”等以牺牲他方利益来满足自己利益的机会主义行为，从而产生了信用风险。虽然重复博弈能使交易双方形成对未来的长期利益的追求而有效地进行诚信交易，但是，绝大多数的企业在交易时都无法预知今后的交易是否有机会继续，因此，它们事实上是在互不了解对方的情况下进行单次博弈的。此时交易双方选择的矩阵如表5－1所示。

表5－1　企业诚信行为收益矩阵（单位：万元）

B \ A	守信	不守信
守信	A10 B10	A12 B5
不守信	A5 B12	A8 B8

表5－1中的A和B代表企业和其利益相关者，守信指的是企业和利益相关者按照规定的合同进行交易，双方遵循伦理准则而行为；不守信意味着对原合同的背弃，或一方做出反伦理行为。如果对方守信，自己不守信，则自己将比双方都守信多赚2万元的利润，而守信的一方将遭受5万元的重大损失；如果守信的一方也选择违约，反而能避免3万元的额外损失。结果，两个企业都发现，只有不遵守协约自己才能取得最大利益。也就是说，在彼此不了解对方诚信情况的形势下，双方的优势战略都是不守

信，于是双方博弈走向不合作均衡，即纳什均衡。此时双方都只得到8万元的利润，远低于双方都守信的选择。

追究交易双方同时失信的根源，可以发现，失信几乎没有成本，而利益却大，这是交易双方失信的最大诱惑。前面已经对企业的反伦理行为进行过经济分析，企业是否不守信，实施反伦理行为取决于其成本和收益的权衡。如果企业守信的预期收益大于失信带来的收益，失信的成本大于失信收益时，交易主体就会守信以获得预期收益；反之，则会违背信约；如果由于外部原因，守信的结果对双方都无利可图，就会完全不守约或终止契约行为或改变约定。因此，可以断定，交易主体越是看中未来的预期收益，失信就越不会成为它的理性选择，即信用依存度与长期利益成正比，与短期利益成反比例关系。因此，设定对失信行为的惩罚方法与程度，改变失信的成本与收益的比较，拉大长期利益与短期利益的利差，不失为遏制失信行为的一种有效方法，这就是失信惩罚机制。

失信惩罚机制运用一系列经济惩罚手段、法律手段和道德惩罚手段，加大失信成本，实质性地打击反伦理经营的失信者，迫使在非重复博弈中，守信成为交易双方最佳的选择。

比方说，在上述A、B两个企业所处的博弈中，导入失信惩罚机制，就可能改变失信的最佳选择为守信的最佳选择。首先，惩罚可以改变博弈当事人的选择空间和收益函数，从而改变博弈的均衡结果。在上侧中，如果规定违约的失信方不是赚了12万，而是亏了12万，那么，最优选择就是守信，守信就会作为均衡而出现。这样，通过惩罚机制，就改变了当事人的选择空间从而改变了均衡。其次，惩罚也可以不改变博弈本身，而是通过改变个人行动的预期来改变博弈的结果。图5-6显示，在出钱者A、借钱者B和法官组成的三人博弈中，A对B的还款可能性可以选择信任或不信任，B可以选择守信或不守信，法官选择惩罚或不惩罚。在这个博弈中，如果A预期B不会守信，B认为法官不会惩罚他，法官实际上也选择不惩罚，那么A的最优选择是不出钱。当有了法律后，它可以改变人们的信念和预期，从而改变均衡的结果：如果有了法律，A预期B不守信将会受到法律的惩罚，就会信任B；B预期不守信将会受到法律惩罚，守信就不会受到惩罚，就会选择守信。这样必定出现相互信任的结果，产生“纳什均衡”。

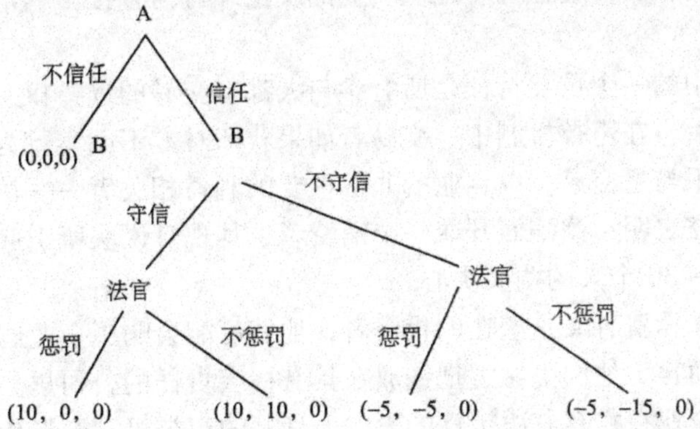

图5－6　法律的作用

1. 法律惩罚机制

企业伦理建设要有法律保驾护航，通过法律的赋予，伦理才可能获得企业和社会的普遍认同。企业伦理水平的提升离不开法律制度的规范，企业伦理与法律的关系密不可分。法律制度的执行是以统治阶级依靠国家机器等强制力量保证的，体现了强制性和外在性。法律是企业伦理的底线，它提供的是一种企业行为合法与非法的标准，用于调节企业及企业中人的行为，并为调节企业与利益相关者之间的经济关系提供标准。法律可以作为维护伦理的威慑力量，可以用来制止已经发生的违法和严重不道德行为。

通过健全与完善法律体系对企业行为形成强约束，可以有效地抑制企业非道德行为的冲动欲，净化社会道德环境，促使人们尽快形成遵循社会道德规范的行为习惯和心理定式。

所以，通过强化法律意识，提高执法人员的素质和执法水平，加大执法力度，及时惩戒反伦理失信行为，才能起到惩罚失信者、警示企图违约者和保护守信者的效果，才能形成守信者受益、失信者承担相应责任的良好氛围。以制度拒绝“失信”，做到“闯红灯者受罚”，使反伦理经营者难以立足，难以在市场上生存，如吊销反伦理经营者的营业执照、在一定年限内不得从事经营活动等，加大企业失信反伦理的成本，迫使企业的行为趋向合伦理，为企业伦理经营营造一个良好的法律环境。

2. 声誉机制和信用机制

在自媒体十分发达的今天，企业在某一地区的不道德行为，通过媒体的曝光一夜之间就可传遍世界各地。企业的反伦理行为直接影响消费者的购买决策。

市场交易中的一个重要特征是所有参与人都有交易的选择权，这种选择权与声誉相关，在声誉机制中，交易者如果获知对方不诚实行为之后实施的惩罚就是不与之交易。以企业的非常重要的利益相关者——消费者为例，据市场研究表明：蒙骗而开罪一个消费者，其现身说法所引起的连锁反应会影响 25～30 个人的购买决心。

另外，现在消费者又是潜在的投资者，他们可能会购买企业的股票成为股东。通常而言，他们更愿意把钱放在具有社会责任的公司里。由此可见，消费者对企业存亡有着决定性的影响。良好的声誉机制会形成交易双方认定反伦理经营行为，会招致严厉报复的信念，交易双方按照伦理准则进行交易就可建立相互信任，双方在重复相遇时凭借相互信任可以继续相互合作。因此，良好的声誉机制是有效的惩罚和激励机制。不讲信用的企业，其声誉会在市场上贬值，会增加以后的交易成本。

良好的声誉机制的有效运行需要完善的信用制度来保证。信用制度是指国家为确保信用和信用活动正常进行而制定的有关法律法规，如信用征集、信用调查、信用评估、信用保证等信用活动中的工具采纳、机构设置、法律责任、监督管理等。信用系统通常是指以独立中介机构为主体，在法律允许的范围内通过收集和分析个人及企业的信用资料，为客户提供当事人信用状况等证明资料的社会化信用系统。

信用制度是保证信用活动有序进行的法律规范，其主体必然是政府，而且从信用系统发达的国家来看，其成功的经验就是以政府为主体建立统一、公开、公平的信用制度，要对信用的征集、调查、评估、管理等信用业务活动的组织以及信用机构的设置与监管等加以规范，以确保信用交易和信用服务活动按照法制规则正常进行。

社会信用管理系统包括的内容非常广泛，目前应在政府部门的协调和配合下着重建立起征信系统、评估系统、信息查询和披露系统等子系统。

（1）评估系统。建立由权威机构制定权威性和统一性兼备的信用评级制度，通过科学的评估程序和方法，对企业或个人履行各种经济承诺的能力进行客观公正的评价，并确定出信用等级，使企业更加重视自身的信用在市场经济中的价值。

（2）征信系统。我国在征信服务制度建立方面存在征信数据的开放和使用缺乏明确界定的问题。应由征信机构采集、加工分散在工商、税务、银行、审计、质监、海关、司法等部门的企业信用信息，建立企业信用信息库，作为评定企业信用等级和查询的依据。征信服务一方面应通过查证代理人既往的信用状况，使委托人（授信方）充分了解代理人的诚信表现，降低市场的风险水平；另一方面还应该通过主动的自我诊断，及时发现代理人的诚信弱点，重新塑造良好的诚信形象。

（3）有效信息传递机制。加强信息网络建设、构筑互通互联的信息平台可以有效地降低行为主体间的信息不对称，减少由于隐藏知识、隐藏行为而带来的失信行为的发生。通过建立公开的社会信用信息网络、企业信用信息平台，实现企业相关信用信息的分级、交互式查询。

一定要注意信息依法披露的问题。在社会生活和市场交易中，信用信息的披露与其主体的法律地位密不可分，必须强制要求政府部门依法公开披露所掌握的信用记录；市场主体是市场交易的当事人，应按照自愿签订的合约依法进行信用记录的披露；信用中介机构是特殊的市场主体，其从事的信用调查、信用征集、信用评价、信用担保、信用咨询等经营活动是特殊的信用行为。

因此，应按照国家的特殊规定与商务合约依法提供信用服务。信息披露应该是制度性的，由于制度不健全，当前，即便是披露的信息也不能保证其真实性，更不用说要求披露全部信息了。要真正做到对恶意欠债逃债、制假售假的企业向社会公布，使其无处可遁。

对失信者的这些处罚不会简单地随着个人和公司的破产、停业而消失，它会使失信者无法在各种市场上生存，并为此付出惨重的代价。全国性的、公开的、综合的社会信用信息网络，既可以公开让各交易主体在网上快速准确获取对方的有关信息，防止上当受骗，便于打击和抵制失信反伦理行为。

3. 监督机制

提高市场主体的诚信度，必须进一步形成对企业行为的监督管理体系。具体为以下几个方面。

（1）行政执法部门的监督。行政执法部门要切实履行监管责任，加大对经济活动中不诚信行为的打击力度，真正做到“有法可依，有法必依，违法必究，执法必严”，提高违约成本，强化法律的威慑和制约作用，使守信企业得到可靠的保护，使失信企业受到应有的惩罚。

（2）社会舆论监督。要充分发挥媒体等社会力量的监督作用，给失信行为以强大的社会舆论压力，促进市场主体遵守诚信规范。

（3）企业内部的监督。要积极建立健全企业自身的监督约束机制，如企业决策层与经营层之间、财务部门与其他部门之间的相互监督等，使任何个体的不守信行为都受到多重制约。

(4) 社会中介机构的监督。要充分发挥会计师事务所、资信公司等社会中介机构的监督作用，加强会计、审计的监督检查，加强和完善信息披露和信息传递机制，增强市场行为的透明度。

（三）市场中介机构保障机制

1. 中介组织的概念和分类

市场中介组织是指为适应市场经济发展的需要，从政府、企业、居民等基本市场主体中逐步分离出来的、本身不从事商品生产及商品、资金流通活动，专门为促进市场主体之间的交易而提供服务的特殊市场主体。市场中介组织可分为以下三种。

(1) 第一种是交易型市场中介组织，包括各种有形的商品交易市场及网上商品交易市场、期货交易所、证券交易所、经纪机构、代理机构、拍卖行、职业介绍所等。

(2) 第二种是准则型市场中介组织，包括律师事务所、会计事务所、审计事务所、资产评估机构、资信评估机构、认证机构、公正机构、担保机构、仲裁机构等。

(3) 第三种是管理型市场中介组织，包括各种类型的行业协会、消费者协会等。

市场中介组织功能正常发挥需要独立、公正和自律的资质。市场中介组织最重要的功能就是节约交易费用，特别是其中的信息搜寻费用，弥补了市场自我运行可能产生的不良后果，一定程度上抑制了市场垄断行为，对于解决外部型和公共产品问题发挥着重要的作用。

2. 市场中介组织介入对企业反伦理行为消除的作用

交易型中介组织介入有助于规范市场竞争行为，确保市场有序竞争。交易型市场中介组织主要职能是沟通信息和促成交易。交易型市场中介组织的介入有助于打破市场交易主体对交易客体的信息不对称状态，消除反伦理产生的信息约束。

准则型中介组织在建立信用经济的过程中自然具有义不容辞的责任。准则型市场中介组织的介入有助于从中立的角度为市场交易主体开展决策进行有效的信息甄别和信用把关，有助于确认潜在的市场交易伙伴的资信水平，避免出现对交易伙伴的逆选择，从而有效地防范商业欺诈。

管理型中介组织在破除垄断、确保有效竞争方面起到了一定的作用，对会员企业可能实施的市场垄断行为进行制裁，代表会员企业就非会员企业的垄断行为对会员企业造成的侵害进行反垄断诉讼，对可能给会员企业造成损失的各种行政垄断。管理型市场中介组织的介入，通过制定对违规会员的处罚规则和程序，实行集体自律，有助于规范会员的竞争行为。

（四）产权制度

现代产权制度主要体现为三个方面的特征。

（1）企业产权明晰，确定排他性的产权安排，具有可度量性和可交换性。

（2）企业产权结构的安排形成一套有效的激励约束规则，努力降低道德风险和交易费用。

（3）具有有效的产权保护制度。科学合理的产权制度的功能主要是能够明晰和界定同一财产上不同产权主体之间的权利与义务区间，交易区间。此外，它使权利和义务明晰化和对称化，使企业在行使产权时具有稳定的预期，使之全面衡量成本与利益的关系，以效用最大化原则来支配和处理产权。

产权制度既有利于提高资源的利用效率，又有利于提高资源的配置效率。从产权的功能可以看出，一个在法律上强有力的产权制度是企业行为合法化和道德化的极其重要的基础，是使交易费用实现有效节约的关键。产权是交易的基础。任何一种市场秩序的破坏都会侵害一部分人的产权利益，产权制度安排要解决市场参与人的“外部性内部化”问题。根据科斯关于产权的界定和调整的理论，产权的初始界定是不重要的，重要的是产权的交易和明确界定。

一个社会尊重财产的传统如果足够强大，那么它的诚信伦理水平也较高。而在计划经济和集中控制的政治条件下，财产权和市场交易在很大程度上被限制和取消，维持商业的诚信道德和治理结构自然不复存在。没有明确的产权主体，就不会有自主的产权交易，产权交易行为的规范就无从谈起，而完善的产权制度是交易得以进行的基础和前提。

在私有产权制度下，个人拥有财产的排他性及所有者对其自由使用和处置的权利。对消费对象的所有权使得所有者可享受消费上的排他性，从而使人们可以自由地根据自己的偏好进行效用预期最大化的消费选择；对投资对象的所有权使得所有者可独占投资成果，从而使人们得以根据收益预期和风险预期自由地进行投资决策。

可以说，私有产权的存在是使经济主体在一系列经济活动中进行合理决策所必不可少的前提，是维系和支持诚信原则最基本的制度基础。产权不清，经济主体就无法对自己的行为承担责任，也不可能从信用行为中获利，从而失去建立信用的动机。

因此，在一个合理的产权制度下，人们拥有更多的自由签约权，人们会更讲诚信，合约就容易得到自觉执行。

1. 强化产权保护，培育信用体系

我们已经公认，诚信是市场主体对市场的一种承诺。所谓“有恒产者有恒心”，强化对产权的保护，企业才能为追求长远利益而恪守信用。特别是对知识产权的保护，应加强对专利权、商标权等知识产权的保护，避免投机取巧、假冒伪劣商品挫伤创新者的积极性，为科学发明、技术创新提供保护和激励的市场环境。

2. 界定产权，明晰产权关系

解决集体所有权的主体、内容及权利的行使问题，对其加以合理规范，不仅要强调对公有财产的保护，而且也应当将对个人财产所有权的保护置于相当重要的位置，强化对个人财产的保护，尊重个人对其财产依法享有的占有、使用和收益的权利，国家对于个人财产的征收、征用也必须通过正当的法律程序，并应当给公民合理的补偿。

完善国有企业的法人治理结构，理顺国家与国有企业的财产关系，建立起真正的现代企业制度，将企业面临的风险逐渐由国家完全承担转化为企业自身承担，迫使企业从对国家的依赖走向自主经营、自负盈亏、自我约束和自我发展，确认企业法人所应有的财产权利，从而使企业能够对其资产进行有效的经营管理，保障国有资产的保值和增值，防止国有资产的流失，这样才可能使国有企业产生信守信用、维护信用的内在动力。

二、内部机制

（一）树立伦理经营管理新理念

有怎样的伦理理念就会有怎样的道德行为，一个伦理理念意识较强的组织或个体在其行为方式的选择和行为结果的影响上无不考虑伦理道德的制约因素及其对道德行为的统摄作用。企业界对经济与伦理的关系大致有两种看法。

（1）认为企业讲伦理，就不可赚钱，就不可能有效益，要赚钱要效益就不能讲伦理。因此，企业在决策时，一般自觉考虑的只有效益目标，极少考虑甚至根本没有自觉的伦理目标，也没有一个鲜明统一的伦理原则。

综观现阶段企业在实践其经济目标过程中产生严重的伦理代价的根本原因就在于企业的经营者、管理者根本没有相应的伦理理念。在企业管理者头脑里起指导作用的只有经济原则、经济效益和经济目标。

(2) 认为伦理是精神的追求，是虚无的，而经济是以效益为目标，是实在的。企业讲的是效益，有效益讲点伦理是锦上添花，求个长远发展无不可；但是在企业效益不好的时候，或是没有效益的时候，就不可能讲伦理了。

“企业经营是以利润最大化为目的”“企业经营的终极目标是获得收益”，这些对于企业经营者理所当然的、普遍的看法曾经在美国被称为“企业非道德性神话”。随着商业丑闻的报道、行贿受贿现象的曝光、对不安全产品的披露以及用户权益保护主义者运动和环境保护主义者运动的不断涌现，企业开始做出调整与让步，以使其行为符合或接近社会伦理道德规范，这标志着“企业非道德性神话”的破产。

许多西方企业在历史经验教训、内在阶级矛盾和外在社会压力的交互作用下，在经历了巨大的痛苦、付出了沉重的代价之后，才深谙企业伦理经营对自己实现可持续发展的重要意义，企业已经形成了这样一种意识：模范遵守经营伦理道德，不愿受政府的“调控”，更不愿失去自己的顾客，失去市场。

1. 企业的伦理准则

企业进行一系列活动以及处理好各种伦理关系，必须要以一定的伦理准则为准绳。具体有以下几个方面。

(1) 公平竞争原则。市场经济中企业之间自由公平竞争可以达到资源的有效配置。公平竞争表现为保护商业技术、商业秘密，不以盗窃等不正当手段非法获取他人的劳动成果；公平竞争首先表现为公平、合理的有序价格竞争，反对低价倾销、价格串通、价格欺诈等无序竞争行为；公平竞争在广告中还表现为传递信息真实可靠，不刻意贬低竞争对手。

交易主体是独立的个体，它们之间应处在平等的地位上，它们享有的权利和承担的义务都是平等的，并且应享有同等的机会，在一个共同的规则下来进行各种活动。

在企业内部，表现为企业应该以关心、理解、信任员工为取向，力求让所有的利益相关者成为企业决策的核心，成为知情者和参与者，让员工提建议，创造民主氛围。

此外，还要公正地对待员工，在员工的职位升迁、薪酬升降、接受培训等方面都应该做到公正。

（2）互惠互利原则。正如大卫·李嘉图的比较利益说所揭示的，只要贸易双方具有相对优势，双方自由交换的结果，仍然可以节约社会劳动并且提高社会福利。在经济往来中，互惠互利原则是企业应遵循的一条重要准则，企业既要利己也要利他，不能因为不能利己就不允许对方有利可图。市场交易各方具有各自的比较优势，就应该相互合作，从交易中获得各自利益，从而实现"双赢"的结果。世界上许多长盛不衰的企业就是靠让利于人而获得成功的。

互惠互利的伦理原则可以从博弈论中找到其理论基础。1994 年的诺贝尔经济学奖获得者纳什、泽尔腾和海萨尼在博弈论的发展及其在经济学领域的应用中做出了开创性贡献。博弈论是研究人们在一系列选择及压力下，对其行为的透视，也就是说当一个主体的选择受到其他人、其他企业选择的影响，反过来又会影响其他人、其他企业选择时的决策问题和均衡问题。在博弈论中，个人效用函数不仅依赖于他自己的选择，而且依赖于别人的选择；个人的最优选择是其他人选择的函数。

（3）诚信原则。中国有古训："诚信无欺市不豫贾""货真价实，口不二价"，企业之间的经济关系要遵守法律、遵守合同，以效益信用作保障。企业与消费者、经销商及竞争者之间发生种种交易关系，应遵守诚信的伦理原则。诚信乃治国之本，是信用制度的中心环节，它是市场经济所要求的道德。"诚"就是诚实可靠、忠诚老实、不作假、不骗人、对人对事都要有诚心。"信"就是守信，说话要算数，生产经营、处理各种经济关系要讲信用。

企业应提倡互相帮助、资源共享、合作共事及双赢。美国密歇根大学公共政策学院的政治社会学家罗伯特·阿克斯罗德在 20 世纪 70 年代末 80 年代初对"重复囚犯困境的博弈比赛"所做的三次"针锋相对"的策略实验，曾引起西方学界广泛关注的，从反面推导出了"你愿意别人如何对你，你就如何待人"的诚信管理的黄金定律。

"针锋相对"的博弈策略在"重复'囚犯困境'博弈"过程中第一回合都以合作的方式开始，以后的每一回合都重复对手的上一回合的策略。也就是说，当"针锋相对"遇到"合作对手"时，他永远合作。即使遇到"针锋相对"时，由于大家都是从合作开始，也就保持了永远合作，故所得"合作剩余"也最高。

当"针锋相对"遇到"狡诈的"策略程序时，你怎么来，我就怎么往，一报还一报，所以也不比你差。由此，阿克斯罗德得出一个基本结论：好的策略标准是永远不先背叛。现实生活中，越来越多的证据表明上述模式在不断得到可靠性的验证。诚信作为企业管理中的伦理智慧，可以使企业得到回报，对于非法和有违诚信伦理的代价已经得到证实。

一项研究对《财富》500强企业进行了比较，其中67家有过违背伦理的行为，如有违诚信、生产上的欺骗以及歧视行为。结果发现，犯过错误的企业的资产回报率和销售回报都明显偏低。其他一些近期研究同样发现了企业的伦理承诺和市场附加值之间，以及社会项目投资和企业财务产出之间的强烈联系。

就企业和消费者二者之间的关系来说：企业之间的竞争最直接的表现就是争夺消费者，尽管对消费者和生产企业来讲，由于企业专门从事一种或一类商品和服务的制造，它们对其所经销的产品（服务）的质量、销售渠道和定价等方面的掌握比消费者全面、可靠，其完全可以凭这种优势以弄虚作假、以次充好、缺斤少两、虚报业绩、内幕交易等手段达到逐利的目的，即大家平时所感慨的“卖家总比买家精”。企业违反诚信原则只能得一时之利，失去在消费者之中的信誉，企业最终会受到严重的损失甚至倒闭，例如，南京冠生园和银广厦的案例就充分说明了这一点，有些消费者明确表示不再购买冠生园月饼，甚至除此之外的其他食品，上海冠生园因此也受到影响。

（4）社会利益和企业利益相统一的原则。我国经济体制由计划经济向市场经济的转轨必然要求伦理准则的重建，应建立适应我国经济转轨的基本价值观。

人们追求个体利益的行为，必须符合至少不损害社会利益的原则。亚当·斯密在《道德情操论》中写道，“富人为了满足自己的欲望，雇佣千百人来为自己劳动，但是他们还是同穷人一起分享他们所作一切改良的成果，一只看不见的手引导他们对生活必需品做出几乎同土地再平均分配给全体居民的情况下所能做出的一样的分配，从而不知不觉地增进了社会利益，并为不断增多的人口提供生活资料”。

在亚当·斯密看来，市场这只“看不见的手”会导致个体的“自利”行为与社会利益相一致。但是，个体利益与社会利益毕竟是不相同的，更多情况下二者不是可以自动达到一致。企业作为市场经济的主体，其自身利益与社会利益在短期来看可能不一致，但从长远来看，二者却是一致的。社会利益在伦理道德上就是维护和增进社会上大多数人的经济效益，社会的利益同企业追求自身的经济利益是完全可以兼容的。

例如，拿环保来讲，环境的保护是社会利益的实现，企业赢利是企业利益的实现，随着企业的客户群——消费者环保道德意识的提高，消费者对产品质量的要求也会提高，这样环保标准高的产品就更容易为消费者所选择。

此外，企业长期对企业环保的投入，以及为社会环保所做的努力，也会提升自身的品牌形象，社会利益和企业利益是相互统一的。反之，如果企业追求自身利益是以牺牲社会利益为前提，生产产品的同时造成了对环境的污染，破坏了自然界的不可再生资源，最终危害的是企业自身，势必受到法律的严厉制裁，企业因此也会受到影响。正如斯密所分析的那样，利己的行为往往会被一只“无形的手”牵引着达到利他的效果，利己和利他并不相互矛盾。有许多企业以社会贡献来获取企业利润，积极投身于社会公共公益事业，援助贫困地区办学，向灾区人民捐款，为社会慈善事业解囊，在公众心目中树立良好的伦理形象，“取信于民”“得民心者得天下”，从而间接地促进了企业经营，获取了更多的利润。

从世界范围来看，成功的企业都在其运作过程中能够按照上述四个原则进行经营。例如，荣事达集团公司结合本企业十多年生产经营活动的实践，提出了全新的“和商”理念。它的核心思想是相互尊重、互相平等、互利互惠、共同发展、诚信至上、文明经营、以义生利、以德兴企。随着社会的发展，秉承“和商”理念的荣事达，将用自己的骄人业绩写下民族工业发展史上更为壮丽的新篇章。摩托罗拉企业文化的核心是为用户提供品质超群、价格公道的产品和服务，满足社会的需要；企业也在这过程中获得收益，不断发展壮大。

2. 建立促使伦理理念形成的教育培训制度

企业必须树立伦理管理的管理理念。诺贝尔经济学奖获得者诺思曾经说过：“一个有效的市场制度，除了需要一个有效的产权和法律制度相配合外，还需要在诚实、正直、合理、公平、正义等方面由良好道德的人去操作这个市场。”企业是市场的主体，又是拥有一定特殊资源和特殊能力的综合体，是一种人的意志表现，这种人性化的特征在很大程度上决定了企业的兴衰和市场的有序。

现阶段，企业在经济转轨和制度不完善的时期，利用外部的缺陷，大肆侵吞国有资产，化公为私，走私贩私，偷税漏税，欺蒙拐骗，破坏生态环境，不惜损害他人的身心健康，这些不道德行为是在缺乏应有的伦理理念的前提下大肆盛行的。所以，必须对传统的经营观念进行发展和创新，不能再片面强调赢利性，还要同等考虑伦理性的要求，从而树立一个全面地将二者紧密结合的伦理经营管理新理念，这是推进企业经营伦理建设的思想基础。

伦理教育指生活于现实社会关系中的有道德知识和经验的人们，依据特定的道德准则，对他人有组织有计划地施加系统影响的一种活动。它着眼于由外而内的灌输和培养，是促进道德他律向自律转化的一种重要途径。

（1）提高企业管理层的伦理素养。可以预见，中国的经济发展将进入“企业家经济”时代。然而，在改革开放时期崛起的中国企业家群体往往被集体所淘汰，其失败的原因则是普遍缺乏道德感和职业精神。

企业管理者对企业的生存和发展负有重大使命，对企业资产的保值增值负有不可推卸的责任。作为经营管理的决策者和指挥者，他们对内要实现人、财、物、信息等资源的优化配置，推动技术进步，最大限度地激发员工的创造精神；对外要善于参与国内外市场的竞争。

在企业的经营管理中，企业各项制度、政策中都体现着经营管理者的道德观，并把它融入企业组织结构中，从而确保组织员工有足够的机会、能力和动机进行负责的活动。同时，企业经营管理者是企业的代言人，他们的诚信行为直接关系着企业的诚信形象。而企业诚信建立的关键是主要负责人。

在有关部门组织的一次调查中，96%的被访者都认为，企业的欺骗造假与企业负责人的人品、道德素养直接相关。美国安然、安达信等公司丑闻，就是CEO和CFO相互勾结，虚构利润，从而达到从股市上大捞不义之财的目的所导致的。

管理者是一个掌握企业财产和人力资源经营权和支配权、具备卓越的组织管理才能、具有较强的责任心、对员工具有凝聚力和向心力的人。管理层是企业所有员工的表率，其行为会对他人产生重要影响，管理人员对内进行道德管理，如实评价员工的才能和贡献，帮助员工排忧解难，办事公正，一视同仁，妥善处理纠纷；对外能够遵循平等、互利、诚实守信道德规范，积极妥善处理消费者投诉，参加公益事业，处理好与周围社会的关系，这样才能在企业员工心目中树立自己的领导权威，并影响员工的行为表现。

几位美国学者分别于1961年、1977年、1984年作了三项研究。

1961年，雷蒙德·C. 巴姆哈特（Baumhart Raymond C.）对1500名《哈佛商业评论》的读者（皆为经理人员）作了一项调查，要求被调查者对所列5项影响不道德行为因素根据影响程度排序。这5项因素是：①上司的行为；②同事的行为；③本行业的伦理惯例；④正式的组织政策；⑤个人的经济状况。

1977年，斯蒂夫·布莱纳（Brenner Steve）和伊尔·莫兰德（Molander Earl）调查了1200名《哈佛商业评论》的读者，他们在以上5个因素的基础上补充了一个因素——社会道德风气。

1984年，巴里·Z. 普斯纳（Posner Barry Z.）和华伦·H. 舒密特（Schmidt Warren H.）对1400名经理人员进行了调查，要求对上述6个因素排序。三项研究的调查结果如表5－2所示。

表5－2 企业经理人员调查统计情况

因素	1961年研究 N＝1531	1977年研究 N＝1227	1984年研究 N＝1443
上司的行为	1. 9（1）	2. 15（1）	2. 27（1）
同事的行为	3. 1（3）	3. 37（4）	3. 30（2）
本行业的伦理惯例	2. 6（2）	3. 34（3）	3. 57（3）
社会的道德风气	—	4. 22（5）	3. 79（4）
正式组织政策	3. 3（4）	3. 27（2）	3. 84（5）
个人经济状况	4. 1（5）	4. 46（6）	4. 09（6）

从表5－2可以看出，在三项研究中，“上司的行为”均名列第一，即它是影响程度最高的一个因素。

企业道德水准归根到底取决于经营者的道德水准、对企业道德的认识以及为提高企业道德水准所付出的努力。经营者的行为决定着员工的道德选择，而经营者的行为是否合乎道德取决于其道德素质的高低。企业道德建设要求经营者具有较高的道德素质并模范的遵守企业道德规范。

此外，企业伦理规则确立的最大推动者，一是企业的高级管理阶层，二是企业的经营负责人。这点由表5－3可以看出。

表5－3 企业商业伦理规则确立的主要推动者

推动者	频数/次	百分比/%
高级管理层	97	34. 7
经营负责人	46	16. 4
上级	33	11. 8
职工代表会	27	9. 7
党团工会组织	24	8. 6
基本没有	34	12. 2
其他	19	6. 8
总计	280	100. 0

所以说，企业管理层的重视是商业伦理得以贯彻的重要因素。管理层自身的伦理道德观念在某种程度上影响了员工乃至企业的伦理观念及各种行为。有的企业管理层人员认为只要自己不独吞好处，企业职工都分了红，就“身正不怕影子歪”，就是“行得正、走得正”的行为。

企业要成功，其领导人和经营管理层要有较高的伦理道德水准和追求，企业家必须增强道德意识，自觉提高自身道德修养。首先，企业家要有高度的责任意识和开拓创新的精神，这样才会勇于承担企业风险，并充分发挥经营管理的聪明才智，以实现自身的价值。其次，企业家本人应自重、自爱，在实践中不断完善和约束自己。要自觉接受社会和群众的监督，在权力、地位、人际关系方面自我约束，在金钱、物质和美色方面自我约束。要严以律己，率先垂范，慎用权力，公道正派，见利思义，廉洁奉公，不染黄赌毒，要求员工遵守法律、道德和纪律规范，企业家自己首先要带头严格遵守，只有自我完善和自我约束才能带领企业不断沿着正确方向发展并取得成功。

（2）提高企业员工的伦理素养。有研究表明，员工行为不轨每年让美国企业损失4000亿美元。因此，企业的员工可能是企业反伦理行为的实施者，也可是企业反伦理行为的目睹者。

华盛顿伦理资源中心曾对10万名美国各行业的员工进行调查，发现每三位员工中就有一位曾目睹过破坏公司章程或违反法律的行为。其中，56%的人曾经目睹同事对主管说谎，41%的人看到资料造假，35%的人看到偷窃案件发生。

企业伦理水平的提升一方面有赖于企业员工不去从事各种反伦理行为，另一方面也有赖于企业员工积极配合对企业反伦理行为的揭发与监督，因此对员工进行伦理培训极为必要。

伦理培训的目的在于使员工更好地理解企业伦理守则，掌握决策伦理分析的方法，增强对企业中伦理问题的敏感性及遵守伦理规范的自觉性。发达国家日常重视对员工的伦理教育。

目前我国一些企业普遍重视对员工的职业技能训练，忽视企业伦理道德教育，致使企业员工的整体素质不高，许多员工对企业无感情，责任意识淡薄，更多关心的是自己的物质利益，对企业的发展不感兴趣。他们仅仅满足于干好自己的手头工作，怠于行使民主权利为企业的发展献计献策，甚至有个别员工为牟取私利故意截留企业商业秘密，使企业在竞争中处于劣势，影响到企业正当利益的获得。

因此，对企业来说，重视教育和帮助广大员工牢记社会道德的核心，树立集体主义、主人翁和诚实劳动的观念，引导员工主动了解消费者的需要和喜好，为其提供质量优良的产品和服务，且不能只图牟利不讲道理，欺骗和坑害消费者。

（二）改进公司治理结构

在所有权与控制权分离的条件下，委托人（出资人）在公司的外部，处于信息劣势，代理人（经理人）在公司的内部，拥有优势信息，特别是当股权分散时，就容易发生代理人利用委托人的授权来谋取自身利益的最大化。

代理者获得了对他人资产的支配权，但又有可能对委托者不负资产责任或根本就不可能负资产责任，也可以表现为委托者享有所有者权益但却对代理者不尽所有者责任。无论哪种形式的权力与责任间的失衡，共同的特点在于使权力脱离相应责任的约束，这种制度漏洞一旦形成，便会诱发人们不负责任地对权力的贪婪和滥用，激发损害对方利益的败德冲动。

因此，要完善公司治理结构，在公司的出资人、经营者与生产者之间形成自我约束、相互制衡的机制，促使企业长期发展。

（1）必须合理配置剩余索取权和控制权，使企业中最难监督、最具有信息优势的人拥有一定的剩余索取权和控制权，让他们自己监督自己；让真正承担风险的资产所有者选择经营者，这对保证最有能力的人占据经营岗位是非常重要的。

（2）除了通过制定最优报酬计划激励经理人行为外，还需要在制度上做出安排。首先确保董事会的独立性，以便能有效监督经理层。吸收股权分散化，建立一个由独立董事为主的董事会来代表股东监督经理层，在董事会下设以独立董事为多数并领导的审计、薪酬和提名委员会。其次由与上市公司没有任何利益关系的外部独立审计机构——会计师事务所对公司的财务报表做出审计，并发表独立的意见。

（三）企业伦理的内部制度化

推崇合理的价值观，倡导职业理想和个人实现，努力营造主动积极的企业氛围，降低管理成本和道德风险。伦理制度化是从管理制度方面来解决企业伦理道德问题，也就是把一定社会的伦理原则和道德要求提升、规定为制度。

1. 制定企业伦理规范

由于制定企业伦理规范具有较强的可操作性，且具有直接和快捷的特点，在实施过程中就可以弥补单纯的伦理教育力度小、效果差的缺陷。

欧美各国企业均花费了很长时间才把企业伦理理念反映到日常的经营管理活动中，其方式是建立规范化的企业伦理制度，即将涉及内容广泛、角度多样、标准各异的企业伦理内容进行归类，统一认识，形成标准。这是一个规范化的过程，也就是说，“企业伦理”必须以“规范”的形式和内容成为企业行为遵循的依据，最终通过制定“企业伦理规范”将企业伦理落到实处。

根据美国伦理研究中心的资料显示，1964 年美国大企业中约 40% 的企业制定了企业行动宪章或类似的伦理守则；而 1987 年的调查显示，在 200 家企业中约 87% 的企业有宪章或类似的伦理守则。20 世纪 90 年代中期，在《幸福》杂志排名前 500 家的大企业中，90% 以上的企业通过制定成文的企业行动宪章来规范员工的行为。根据零点调查公司调查结果，企业一旦能把商业伦理用条文书面规定确定下来后，在企业经营活动中均能一直坚持下来，推动企业发展。由表 5 – 4 可以看出，85. 2% 的企业反映只要制度化确定下来，企业在经营活动中基本能坚持正确的伦理指向。

表 5 – 4　商业伦理在企业内制度化后的执行情况

项目	频数/次	百分比/%	累计百分比/%
完全可能一直坚持	23	16. 2	16. 2
基本能一直坚持	98	69. 0	85. 2
一般	12	8. 5	93. 7
基本不能坚持	3	2. 1	95. 8
完全不能坚持	1	0. 7	96. 5
说不清	5	3. 5	100. 0
总计	142	100. 0	100. 0

依据美国伦理资源中心的研究数据，美国大公司最常见开展的伦理活动是制定书面的伦理指导方针、进行伦理培训和设立热线或报告渠道（表 5 – 5）。

表 5 – 5　美国大公司的伦理活动（拥有 5000 名及以上员工）

公司比例/%	伦理活动
95	书面的伦理指导方针
47	伦理培训
28	热线或报告渠道
23	懂事会下的伦理委员会
15	公司伦理办公室

企业进行伦理经营，应正确处理它与消费者、供应商、竞争者、环境、所有者、员工之间的关系，按照诚实信用、互惠互利、公平以及社会

利益和企业利益相统一的伦理原则将有关事宜进行细化，以制度的形式严格规定下来并切实执行。

伦理道德的制度化是一条加强企业经营伦理的有效途径。例如，有关劳动安全、人员招聘、晋升方面的人事制度；有关企业人才竞争、市场竞争、信息竞争等领域的平等、公平的竞争制度；有关发布真实、客观、全面的信息发布制度：有关包括企业的公关、广告等在内的营销制度，等等。

此外，要保证制度的有效运行必须建立一系列的有效监督制度，包括法人治理结构高层内部的监督，自上而下、自下而上的监督，矩阵式的横向监督等。

2. 设置伦理机构、配备专门负责人

近年来，西方的一些企业还纷纷设置了直属董事会领导下的企业伦理指导委员会或伦理办公室等专门机构，确保更具体地指导有关企业经营伦理的工作及保证伦理制度的有效运行。

公司伦理委员会制度常见于一些规模较大的公司，委员一般由来自不同职能区域的高层管理人员组成，其主要作用是专门为执行总裁及其管理决策提供伦理检查和伦理政策指导。伦理委员会有两个基本功能：①为其所属的伦理办公室把握方向，负责检视和批准公司伦理准则。②负责召集相关专业人员，讨论需要高层考虑处理的伦理问题。

此外，对于那些真正关心企业伦理问题的高层管理者来说，伦理委员会还有对公司重大决策进行伦理评价，并提出建设性意见的作用。

作为常设机构，企业伦理办公室的主要工作是：组织实施对员工的伦理培训，对公司伦理准则的执行情况进行监督，向执行总裁报告企业遇到的伦理方面的问题，收集、整理并授权发布企业伦理方面的信息。为使伦理办公室处于有利的位置从而更好地发挥作用，许多公司都授予伦理办公室与执行总裁直接联系沟通的权力。

我们可以借鉴国外的办法。比如，国内企业也可以设置伦理机构，并且配备专门的负责人。企业要建立道德管理制度和组织机构，包括设立企业内部的道德委员会，并赋予他们相应的管理权限，完善交易前期、中期和后期的道德管理。例如，在决策时，可以由伦理机构进行决策的伦理分析，帮助管理者做出正确的抉择。周祖城认为可以分两个层次进行：可接受层次和满意层次，二者各有其准则要求。

伦理上能接受的方案是指达到了基本伦理要求，在一般情况下，不至于因受到道德的谴责而使决策不可行或给企业带来不良后果的方案。具体而言，达到这个层次应符合合法和为利益相关者所接受两个准则。满意层次的准则，伦理上满意的方案是指在道德上达到了较高或很高的水准，其行为不仅不会受到舆论的谴责，相反会得到舆论的赞扬和鼓励，能给企业带来良好声誉的方案。

3．伦理信息系统的建设

在各种伦理信息传递方式中，应用最大的是公司中的正式伦理信息渠道，如招聘书、公司通信及相关杂志。

由于信息技术的广泛应用，各大公司现在都更多地通过网站、企业内的局域网和电子邮件向其成员传递伦理信息。为使公司有一个强有力的、完全整合的伦理文化，美国的一些大公司在伦理管理制度方面，还特别注重伦理信息系统的建设，充分发挥伦理信息系统在传递公司价值观、行为准则和伦理政策中的作用。这种传递包括正式信息系统和非正式信息系统的所有层面。

在美国的一些大公司，建立一个伦理决策过程模型的问题格外受到重视。在建立伦理决策过程模型方面，首先被考虑的问题是如何保证备选方案符合伦理要求。另一个被考虑的问题是，在评价决策时，如何为伦理问题进行适当的加权，以保证决策的伦理性和经济性的一致。

这些经验都是值得我国企业学习借鉴的。

第四节　西斯蒙第人本经济伦理思想对我国企业伦理构建的启示

一、我国企业生产伦理

西斯蒙第认为生产的唯一目的在于满足人类自身的消费需要，人们生产的任何劳动产品必须能供人类消费才有真正价值。西斯蒙第认为，人的需要是多方面的，除了物质生活的需要外，还要有休息的需要、参加正当娱乐活动的需要、参加宗教活动的需要、升迁的需要等等。他认为，财富只是代表着使生活惬意和舒适，生产不能与人们丰富多彩的生活需要相冲突。为了财富的生产而剥夺人们丰富多彩的生活需要将是本末倒置。后时代的有些经济学家也深受西斯蒙第这一经济伦理思想的影响。19 世纪英国著名经济学家约翰·穆勒就认为，“只有在落后国家，增加生产仍是一项重要指标……”在他看来，在经济发展较快或比较发达的国家，政府应该尽力满足人们的消费需求，否则，社会财富的增长就没有多大价值。

从经济伦理学的视域来看，生产伦理主要关注和研究生产目的和生产手段的伦理内涵，即什么样的生产目的才是合乎道德的；怎么样生产才是合乎道德的。其中，生产目的决定着生产方式。经济伦理学认为生产的目的具有经济目的和伦理目的两个方面。不可否认经济利润是企业存在的基础和必要支撑，企业需要通过经济生产实现盈利才具有扩大和发展自身的基础。但“利润最大化”不是企业唯一目的。生产的伦理目的是满足人们日常生活的基本需求，提供生活必需的物质资料。亚里士多德说生产的目的应该是伦理性，即获取生活必需品，追求更加美好的生活，而非经济性的，如获取利息等。马克思在《资本论》中也指出，未来社会生产的目的是为了人的全面自由发展提供充分条件；恩格斯也认为，通过社会生产，不仅可能保证一切社会成员有富足的和一天比一天充裕的物质生活，而且还可能保证他们的体力和智力获得充分的自由的发展和运用。

基于以上伦理要求，我国企业在生产过程中也应该遵循相应的生产伦理规范，坚持以人为本，不断满足劳动者日益增长的美好生活需求；对生产者给予伦理关怀，尊重生产者。

（一）以人为本，不断满足劳动者日益增长的美好生活需求

科学发展观的核心就是以人为本，它要求经济社会的发展一切以改善人的生存条件、提高人的生活质量为准则，实现人的愿望、满足人的需要、维护人的利益是经济社会发展的根本目的。传统发展观的错误在于它片面地把追求经济社会发展乃至把单纯地追求经济增长当作目的，看不到发展的目的是为了人的需要。在世界经济发展史上，以国内生产总值为核心的经济增长论曾经广为流传，这种发展观由于片面追求经济增长率、忽视人的需要，致使一些国家出现了“有增长无发展”的现象，即经济有了较快增长，但普通民众并没有从中得到应有的实惠，反而带来分配不公、失业率上升、腐败严重等社会问题，有的甚至引发政治动荡。我国企业在生产过程中也应该抛弃盲目扩大生产规模、单纯追求企业经济效益的错误倾向，不断实现企业生产效益和员工利益有机结合，让企业员工在美好生活的不断满足中激发生产动力，从而形成企业发展良性循环。为此，要求企业处理好以下三种关系。

1. 个人消费能力与需求的关系

在西斯蒙第的理论中，是消费决定生产，而不是生产决定消费。因此，在市场经济环境下产生消费行为，就必须持有货币。货币，对广大普通的消费者而言，只能是来自个人收入。所以，实际的收入水平就决定了一个人的消费能力。

有一些中小企业在产品的研发过程中，由于忽视市场调研或者过高估计市场的消费能力，所研发出来的新产品由于研发成本过高，当产品进入市场时，价格昂贵，远远超出了消费者的实际收入水平，最终导致产品积压，企业亏损甚至倒闭。由此，我们认为，中小企业在产品研发前，务必在充分进行市场调研，在充分了解广大消费者的实际收入水平或者可支配收入的前提下再进行产品的开发和生产。因此，我们认为，产品功用方面，也必须与未来投放的区域市场的消费者所处的自然环境、风俗习惯相一致。

2. 处理好资源配置和消费者需求的关系

在市场经济环境下，社会资源的配置是由市场所主导。因此，资源能否有效利用就面临着严峻的挑战。中小企业，实行的是自负盈亏、独立自主的经营方式。因此，能否盈利就是一个中小企业能否生存和发展的关键。在此环境中，绝大多数中小企业的生产方式就采取利润至上的功利主义模式。中小企业为了在激烈的市场竞争中立足和发展，纷纷竞相引进先进科学技术来提高生产能力，进而实现利润最大化。然而，一些中小企业在运用科学技术生产的产品层次，与市场上消费者有效需求相脱节。它们的产品投放市场后，立即就成为蹩脚艺术品，引来无数的观赏者，而实际购买的人却凤毛麟角。

3. 处理好投资和消费者需求的关系

在投资方面，很多中小企业是盲目的负债投资、经营，从而导致财务风险系数过高。如此一来，一旦投资生产的产品或者项目与市场的实际需求相背离，负债带来的利息等高额财务费用就极其容易导致企业的营运资金短缺。此时，如果企业没法实现再融资，负债投资生产的产品积压必然导致社会资源的浪费，有些还会引起程度不等的环境污染，影响人民的生活。因此，投资规模应该与本企业实际的利润增长保持平衡。

（二）对生产者给予伦理关怀，尊重生产者

首先，尊重生产者基本权利和人格尊严。企业内部要形成劳资双方地位平等的合作关系。在社会主义中国，不管是公有制还是私有制企业下的资本，它们增值的目的都是为全体社会成员提供更多、更好的物质财富，人不再是手段而是目的。发展资本需要提高劳动生产率，增强劳动强度不是生产的目的。所以，企业要切实保护劳动者权利要求，实行公平分配并大力保障劳动者的劳动成果；尊重劳动者人格，允许劳动者自由流动，促进劳动者人道发展；给予劳动者充分的休息、娱乐等权利，让劳动者身心得到很好放松；对劳动者进行业务培训以提高其劳动技能等等。

其次，尊重生产者的才能和价值追求。企业要充分发挥不同员工的潜能，认可每名员工的工作价值，使劳动者深刻感受到自己在企业的存在感和价值感，使他们认识到自己在企业中不管在哪个岗位工作都只是分工的不同，没有地位高低贵贱之分，他们的工作都对企业做出了应有的贡献，每个人的劳动都是光荣的，都应该得到企业尊重和认可。

最后，实现人性化管理，关注生产者健康、情感、性格等日常需求。社会主义的企业管理不是压迫与被压迫、剥削与被剥削的关系，而是生产过程中管理者、被管理者、社会之间的对称、有序、双赢的和谐关系。其核心是以人为本，基本要求是民主管理，劳资双方在平等协商和合作的基础上共同参与企业决策，共享企业经营成果。所以，企业管理者要时刻关心员工的身心健康、情感需求，不断促进员工人格完善。

二、我国企业营销伦理

西斯蒙第认为良好道德是促进社会财富增加的有效动力。西斯蒙第尤其把诚实、守信的良好道德引入商业流通的银行信贷关系中，认为良好的信贷关系是经济繁荣的基础和保证。

在批驳人们信贷创造财富观点的基础上，西斯蒙第阐明了诚实、守信的良好道德在信贷关系中的作用。

西斯蒙第认为，良好道德是财富增加的有效手段，尤其在信贷和流通领域，诚实、信用的道德环境是更为经济的手段。一个诚实、信用、安全、公平的道德环境不仅有利于市场经济活动健康运行，也是财富增加的润滑剂。根据西斯蒙第的这一经济伦理思想，联系我国企业营销活动，我国企业营销也应本着诚实、守信的原则，防止市场欺诈，这样才能保障市场有序运行，取得更好经济效益。

关于什么是企业营销活动，理论界探讨得很多，研究也很深入。美国“现代营销学大师”菲利普·科特勒的观点具有较大权威性。他认为，企业营销是个人和团体通过创造产品和价值并与他人交换从而满足需要与欲望的社会和营销过程。所以，企业营销活动实质是一种处理各种利益相关者复杂关系的活动。各种利益相关者之间的关系要处理好，务必遵守相应的营销伦理规范。美国学者墨菲认为，营销伦理的首要规范就是诚信经营，做到对消费者、合作伙伴、公司员工等利益相关者诚实、守信。只有本着诚实、守信的伦理道德原则进行交往、交流，通过公平竞争、互助合作，以实现互利共赢，这体现在企业营销过程中的产品策略伦理、价格策略伦理、促销策略伦理等方面。

（一）企业营销中的产品策略伦理

首先，企业设计的产品质量应该符合伦理道德准则。企业产品的质量应该具备安全性、精确性、可靠性、持久性、便于操作、易于维修保养等特性。如果企业为了减少成本、盲目追求更大利润，而有意降低产品质量，给消费者带来身心伤害、财产损失，这就严重违背了产品设计的诚实、守信伦理准则。短时间内这么做，可能会给企业带来及时效益，但是，长期如此，就会严重损毁企业的声誉和形象，从而阻碍企业长远发展。“商道酬信”，在我国古代社会，孔子在《论语》中就提出了“民无信不立”的经商之道，反映了诚信经商，无往不利的经商宗旨。我国近代“红顶商人”胡雪岩一生打造的药铺“胡庆余堂”至今屹立不倒，归功于他在创店之初就确立了“戒欺”的准则，立诚信之本，卖货真之药。现代社会中，很多企业却忘记了诚实、守信的经商之本，企业生产偷工减料、产品以次充好的现象比比皆是。例如，有些房地产开发商唯利是图，不讲诚信，承诺不兑现，公然践踏道德，致使商品住房质量不过硬、安全隐患大，严重损害消费者利益；又例如，有些食品生产企业建立地下黑作坊，生产“三无”产品，甚至是有毒有害食品，也是严重违背产品质量伦理准则的。如果企业产品的质量经常出现这样一些问题，将会大大降低企业美誉度，影响到消费者对企业产品的认可度，企业最终会失去消费者市场。

其次，企业产品品牌管理应该符合伦理道德准则。西斯蒙第对良好道德的追求对我国企业产品品牌的管理也具有深远的伦理影响。在现代市场营销中，企业需要通过注册，形成商标，树立自己的产品品牌。既严禁仿冒他人产品品牌以牟取利益，也不能采用抄袭、仿冒等手段将自己的非名牌产品套上名牌产品的标签，这些行为都会误导人们辨认商品，从而损害消费者利益，也是不诚实守信的表现。这样，企业的品牌产品也可能因为误导消费者，从而被消费者所抛弃。当前，我国假冒伪劣产品泛滥，从大宗商品到普通生活日用品，从高价位到低价位商品比比皆是，西斯蒙第关于诚实、守信的伦理道德呼唤给我们巨大启示。

再次、企业产品的包装也应符合伦理道德准则。一方面，要求产品包装上的说明要清晰、客观，将企业名称、地址、产品生产日期、产品有效期、产品成分构成、使用产品可能出现的负面影响明确告知消费者；另一方面，也要求包装的材料和成本要适度，不要金玉其外、败絮其中，给消费者虚假认识，从而产生利益损失。否则，也是对消费者不诚实守信的表现。如果消费者在产品的包装上上当受骗，蒙受经济损失，带来心灵创伤，也会失去对企业产品的信任，最终影响企业生存、发展。当前，“三无”产品泛滥、过期产品依然在架、产品过度包装等现象普遍存在，严重影响企业的信誉度、美誉度，西斯蒙第对诚实、守信等良好道德的追求具有重大的借鉴意义。

（二）企业营销中的价格策略伦理

西斯蒙第关于诚实、守信等良好道德是财富增加有效动力的经济伦理思想也启迪企业营销中要遵守诚实、守信的价格策略伦理规范，这主要表现为防止价格欺骗和恶性价格竞争。

企业营销中的价格欺骗经常出现，随时、随处可见。目前市场上虚假标价、模糊标价、虚夸标价、虚假折价、虚构原价、假冒伪劣、以次充好、短斤少两、强买强卖、搭车销售屡见不鲜，这不仅是不讲诚信，而且严重损害消费者利益，损毁企业形象。企业有了这样不守诚信的标签，从而也会使消费者放弃对该产品的信任。为此，消除企业价格欺骗要求企业产品实施明码标价，不使用模糊不清的标识，以免误导消费者。同时，也要求企业在给产品定价时做到价格与价值基本吻合，以产品成本为基础，根据产品特质、科技含量、合理利润等因素确定产品价格，不可因产品走俏而对产品随意调高价格。

避免恶性价格竞争也是企业诚实守信的伦理要求。企业竞争，降价不是根本的竞争手段，优惠价格也不能仅仅体现在价格下降层面，而更多地应该体现在提高产品质量、完善产品功能、增加产品科技含量、提高售后服务等方面。总之，要从维护消费者利益角度确定产品价格策略，以确保产品价格策略的伦理诉求。低价倾销、低价混战等这样的恶性价格竞争往往容易扰乱市场价格秩序，使价格失去对生产、消费等的调解功能，不利于市场资源配置；同时，恶性价格竞争也会因为赔本销售导致企业没有资金投入技术改造，从而阻碍科学技术的进步；最后，恶性价格竞争也容易出现不顾事实相互诋毁的局面，导致企业两败俱伤。目前，这样的恶性价格竞争屡见不鲜，我们应从西斯蒙第关于良好道德的追求中得到一定启示。

（三）企业营销中的促销策略伦理

西斯蒙第对诚实、守信等良好道德的追求对企业促销策略的伦理影响也具有重大的借鉴作用。企业营销中要遵守诚实、守信的伦理规范，促销中的道德问题也是一个很突出的营销伦理问题。企业界的虚假广告宣传、强卖式推销普遍存在，严重影响消费者的自主购买决策，损害他们利益的事情就时常发生。消费者如果利益经常受到损害，就会失去对该企业产品的信任，从而使企业失去消费者市场。所以，在企业促销活动中，道德化的要求是不能为了扩大销售而一味地加大广告宣传的力度，而只能是通过对消费者进行正确消费方式的引导，保证消费者适度消费，而不是过度超前消费。

第一，企业宣传广告应符合伦理标准。多年来，形式众多的广告使消费者失去了辨别广告的能力。因此，人们对广告的真实性提出了许多质疑。产生预期的商业广告不应对消费者选择行为产生控制倾向，防止消费者对广告效应的依赖；同时，也应该禁止欺骗性广告，广告的内容必须真实可靠，以确保消费者的利益不受损害。尤其是目前名人代言虚假广告所带来的负面影响已被广泛发酵，广大消费者对广告的可信度有很大的疑问。因此，西斯蒙第的经济伦理思想中良好的道德，如诚实守信等都是中小企业有序经营、增加财富的有效手段，这对我们的中小企业有很大的启迪意义。

第二，员工的营销应具有伦理性和道德性。员工推销是最重要的营销形式之一。员工晋升不仅仅是为了企业和个人获得更多的利益，更是为了确保消费者的利益不受损害。为此，员工销售禁止强制销售行为，不时通过走访或电话，强迫消费者接受商品的销售，严重危害了消费者的自由选择的基本原则；同时，对危害消费者的身体素质和财产安全，对不过硬、价格高、假冒伪劣产品和服务进行坚决抵制，确保以诚实守信的道德准则来实现市场营销的各个方面。如果员工在销售过程中不遵守这些道德规范，也容易引起消费者的反感，从而失去消费者市场。

总之，在我国企业营销伦理上，西斯蒙第强调的诚实、信用、公平等良好道德品质对于构建现代企业的营销模式依然具有重大的借鉴意义。只有实施诚信营销，才能有效节约企业的售后服务中的时间成本、人力成本，从而提高企业的营销效率，加速企业营运资本的循环，提高资本的利用率。

三、我国企业分配伦理

西斯蒙第主张社会财富公平公正分配的经济伦理思想对于认识和解决当前我国企业内部分配不公，避免两极分化过大的社会问题具有重要的借鉴意义。同时，其思想也与我国在中国特色社会主义新时代贯彻以人民为中心的发展思想，解决人民日益增长的美好生活需要和不平衡不充分的发展之间的主要矛盾，落实全体人民共享发展成果的社会目标基本一致。

（一）增加企业劳动报酬比重，倡导企业初次分配公平合理

西斯蒙第认为，在无限制自由竞争状态下，资本家对个人利益无止境追求，导致劳动者在社会生产中所获得的劳动收入相对减少，社会财富大量地被资本家所占有，社会贫富两极分化越来越严重。由此可见，收入初次分配极不公平。当前，我国企业劳动收入分配中也呈现出这样的问题。不管是国企还是私企，收入分配不公现象都非常明显，同一企业内部不同部门员工之间、普通员工和高管之间、企业和员工之间收入差距巨大。究其原因，主要在于企业过分追求企业利润，而忽视员工利益，导致利润侵蚀工资的现象严重。表现在企业强化资本的回报，弱化员工的劳动付出，致使在企业生产经营中劳动分配所占比重偏低、资本收入所占比重过高，严重违背企业收入公平合理分配原则。我国企业员工的收入主要来源于企业的初次分配，而在企业进行初次分配时，劳动者主要的收入形式应是劳动报酬，然而，在我国企业初次分配中，劳动报酬所占比重过低，收入分配不平等现象不断凸显。在私营企业中，这种现象尤为突出。私营企业一味追求利润和资本收益最大化，无视劳动者的合理回报，低估劳动者在企业生产经营活动的价值，高估技术、管理、资本在企业收入增长中的作用，导致“强资本、弱劳动”的不合理分配取向盛行。在我国国有企业中，强化资本、技术、管理在企业生产经营中的作用，弱化普通劳动者价值的现象也比较突出，致使企业初次分配中劳动者收入分配相对偏低现象也同时存在。国有企业员工劳动收入相对于私营企业员工来说要高，但是，国企高管和一线职工收入分配、企业资本收入和员工劳动收入分配差距很大，分配很不公平合理，致使普通劳动者的劳动报酬在初次分配中所占比重过少，加剧企业分配的不平等。企业劳动收入分配的不公平，将严重损害劳动者的利益，影响劳动者的生存和发展，从而挫伤劳动者的工作积极性，削弱他们的职业责任感。同时，还会引发员工对企业的不满，加

剧企业矛盾，危害企业和谐，阻碍企业发展，危及企业利益。所以，要实现企业劳动收入公平合理分配，首先要求企业端正对劳动者的认识，充分肯定劳动者的劳动付出和价值，从而提高劳动者报酬，增加劳动报酬在企业收入分配中的比重，初次分配就要注重分配公平。

（二）加强政府对企业分配有效干预，确保企业再分配公平合理

面对资本主义自由竞争所导致的社会财富两极分化，西斯蒙第主张通过国家干预来安排经济发展中的各种比例关系，从而实现社会财富公平合理分配，保障劳动者的切身利益。在我国企业收入分配中，我们也可以从西斯蒙第的收入分配思想中得到启示。企业都是自主经营、自负盈亏的法人实体，追求利益最大化是企业永远的经济目标。如果没有政府有效调控，单凭企业自主经营，企业为了自身利益很容易产生忽视员工利益的现象，从而导致企业收入分配两极分化，加剧企业矛盾。从历史和现实来看，欧美资本主义发达国家企业员工工资收入和福利待遇不断提高都与政府和工会有效干预休戚相关。所以，为了避免企业追求赢利最大化而损害员工物质利益的现象，政府必须加强对企业劳动收入的有效干预，进行监管和引导，突出“劳动”的分配要素，压制“资本”和“天赋能力”的分配要素，消除“市场不确定性”和各种“欺诈投机行为”的分配要素。政府应本着这样一些方针引导企业分配，避免企业收入分配两极分化过大。为此，要求政府一方面加强企业公平合理分配制度建设和宣传，使企业收入公平合理分配有政策和法律依据，从而深刻认识到收入公平合理分配是政策使然，督促企业建立公平合理的收入分配体系；另一方面，要求政府加强对企业收入分配监管，对于企业侵占员工收入、克扣员工工资的现象要予以严惩，加大企业违背收入公平分配的代价。同时，政府也应该通过完善企业员工社会保障制度来实行企业员工收入再分配，为企业初次分配中的低收入阶层提供就业、养老、医疗、子女入学等各项社会保障和社会福利，减轻低收入员工在这些方面的负担，从而相对增加他们的收入，达到企业员工收入分配趋向公平合理。

（三）加快企业伦理分配的步伐，实现企业第三次分配公平合理

西斯蒙第深刻揭露了资本主义工人低工资以及对工人所产生的巨大危害，强烈谴责工厂主对工人困苦生活的麻木不仁，对社会慈善和救济责任的推卸，呼吁工人有分享雇主所享有的保障权利。他说工厂主“他们只考

虑用什么方法能以最低的工资来使工人劳动；他们在工人生病、年老时，或者到淡季时，就解雇他们，让公共慈善事业、救济院、英国的本堂区来供应他们的可怜的生活。”所以，面对工人阶级的困苦，西斯蒙第深深感受到应采取慈善救济措施。他说：“人数最多的，也可以说，社会上最主要阶级的痛苦，最近达到了极严重的程度，甚至使最文明的国家中的很多慈善家也感到必须采取补救的措施了。”西斯蒙第呼唤社会公平合理分配，加大社会慈善救济的思想对我国企业分配也具有重大的伦理启示。在企业进行收入初次分配和政府对企业员工再分配后，如果企业某些员工的收入仍然较低，企业还可通过收入的第三次分配，即伦理分配来提高普通员工收入，实现企业收入分配的公平合理。第三次分配的理论最初由我国著名经济学家厉以宁提出，它是指个人出于自愿，把自己收入的一部分或全部捐出去。在企业分配中，企业主或高收入阶层也可以借鉴第三次分配模式，即企业的伦理分配模式，基于仁爱和人道主义而开展道义上的分配，以自愿捐款、捐助等慈善事业的形式让渡个人或部门财富，从而进行财富分配调剂，对初次分配和再分配缺陷予以弥补，这也是解决企业收入分配不公的有效手段，凸显以人为本的人本主义经济伦理思想。在西方很多发达国家，慈善事业发展完善，企业或个人乐于以慈善捐助、馈赠等形式帮助社会弱势群体，馈赠、义卖、捐献等蔚然成风，很好地保障了社会弱势群体利益，促进了社会和谐发展。

在我国，很多企业主或企业高收入阶层还不能很好地认识到自己的伦理责任，未能把企业低收入员工的利益与之很好地兼顾考虑，不能充分认识员工低收入对企业的负面影响，甚至还把提高员工收入看作是侵占了企业利益，因而不愿对企业低收入员工进行慈善资助，致使企业内部收入差距越来越大，尤其是企业高管和普通劳动者之间、企业和员工之间两极分化越来越严重。这种现象尤其在我国民营企业中更显突出。我国有些民营企业创办者社会责任感不强，漠视员工利益，甚至为富不仁，残酷地剥削员工，花天酒地毫不吝啬，帮扶员工从不大方，致使劳资关系紧张。为改变这种现状，要求企业和企业高收入阶层本着仁爱之心关爱员工，关注低收入人员的生存和发展，让渡一部分利益，对企业低收入员工进行慈善捐助、馈赠、扶贫帮困活动。这样，不仅合理分配了企业收入，保障了企业低收入员工的利益，同时，也可提高企业低收入员工的积极性，增强他们对企业的归宿感，培养他们的主人翁意识，从而使他们能够为企业做出更大的贡献，更好地促进企业完善和发展。例如，企业家的遗产分配问题，就可在社会、员工及亲属三者之间进行合理的分配，这是第三次分配的有效途径之一。当前，私人企业的遗产分配几乎都由直系亲属继承。实际上这并不完全合理，任何企业的经营成果都是全体员工集体智慧的结晶，而不是企业所有者独立经营而取得。此外，辉煌的经营成果也离不开稳定的社会环境。在一个不稳定的社会环境中，任何一家企业要想健康地生存和发展都是不可能的。因此，企业家的遗产应该在社会、员工及亲属三者之间进行合理的分配。

西斯蒙第公平分配的经济伦理思想与我们党深厚的人民情怀是基本一致的。习近平总书记指出，人民对美好生活的向往，就是我们的奋斗目标。在当前全面建成小康社会、全面深化改革的过程中，习近平总书记强调，必须把增进人民福祉作为所有工作的出发点和落脚点。他认为，“全面深化改革……，不断克服各种有违公平正义的现象，使改革发展成果更多更公平惠及全体人民。”由此可见，西斯蒙第公平分配的经济伦理思想在中国特色社会主义新时代仍然具有现时代价值。

四、我国企业竞争伦理

西斯蒙第全面批判了斯密等主流经济学家自由放任的经济伦理思想。首先，西斯蒙第认为，市场自由放任将会导致社会盲目生产，从而浪费有限社会资源。其次，西斯蒙第认为，市场自由放任还将导致产品供给和消费需求严重失衡，加剧贫富两极分化。最后，西斯蒙第认为，自由放任的市场竞争将使人们道德沦丧。总之，西斯蒙第希望政府进行经济干预，保护劳动者不受自由竞争的影响。

当然，由于西斯蒙第是从小生产者的利益出发来看待资本主义的自由竞争，这样，对于自由竞争在社会大生产中的作用就很难把握准确，所以，他的理解和眼光是狭隘的，因而他所选择达到一个十分美好的目的的手段实际上又是行不通的，只是一种经济上的浪漫主义思想。

但是，西斯蒙第反自由主义的经济伦理思想，因为认识到了资本主义社会存在的基本矛盾必然会产生社会经济危机，这是他胜过当时其他经济学家的地方，也是他的一个伟大功绩。西斯蒙第反对自由放任、主张国家干预的经济伦理思想虽然没有得到当时人们的充分认可，但是对后世经济学家的影响却是巨大的。著名经济学家凯恩斯继承和发展了西斯蒙第的这一经济伦理思想，并且在20世纪初期到中期，使之成为了西方的主流经济思想。西斯蒙第反自由主义的经济伦理思想对我国企业竞争伦理构建也具有很大启示。

（一）科学认识市场自由竞争的弊端，加强政府对企业宏观管理

西斯蒙第反自由主义的经济伦理思想对发展我国现代经济，落实全面、协调、可持续科学发展观，促进企业健康发展也具有重大的启示。市场经济的魅力早已被世界经济史所证明，现代经济的发展离不开市场的自由竞争，这已是不争的事实，但是，经济活动中的自由是受社会发展与个人自身发展等因素制约的，我们当前的社会发展水平与人自身的发展程度都在严重制约着市场自由竞争的健康有序地进行。首先，社会与自然之间还存在对立。比如，人类中心主义的观念造成人与自然的对立，很多企业在发展过程中严重破坏生态环境，消耗能源资源，影响到现代经济的可持续发展。其次，社会内部自身之间也存在对立。以资本为核心的自由竞争，必然出现企业大资本对小资本和无产者的统治和压迫，造成他们之间的利益对立，出现社会极端的两极分化，影响到现代社会的全面发展。最后，社会与个体之间也还存在对立。在自由竞争中，企业生产技术越发达，技术排挤工人，社会弃置工人的现象也就越普遍，社会经济的发展与人们生活水平的提高出现极大反差，社会发展严重不协调。因此，把自由竞争看成是人类经济发展的完美模式是不正确的，社会经济的发展还必须要有道德、政策、法律等的调控。

（二）正确认识企业利益和社会利益的关系，更多关注普通民众利益

在我国当前，企业利益和社会利益是基本一致的。企业不断加强改革，尽其所能为社会做出了自己的贡献，社会也给予企业应有的回报。但是，由于多种因素影响，特别是我国法律制度还不很完善、社会的德道水准还有待提高，现实生活中不少企业还存在着唯利是图、损人利已的思想和行为。有些企业为了小团体利益不择手段，置道德和法律而不顾，不惜损害他人和社会利益，无论在实体经济还是网络经济中，都不同程度地存在这样一些情况。在实体经济中，有些企业为了一己私利，不惜铤而走险，随意践踏道德和法律，侵害他人和社会利益。比如，假冒伪劣产品和有毒有害产品的生产与销售、产品成分和用途的虚假宣传、产品生产与销售中的以次充好、短斤少两、不正当竞争等等，都严重地扰乱市场秩序，危害社会和他人利益。而受害者往往是普通人民群众，他们身心遭受严重摧残，他们生存和发展受到严重影响。近些年来，随着网络经济的发展，网络交易越来越普遍，有些企业为了一己私利而不惜损害他人和社会利益

的现象也比比皆是。首先，表现为虚假信息泛滥。有些网络公司为捞取最大的暴利大肆欺骗消费者，在网络发布各种虚假广告以引诱消费者购买，网络上所宣传的商品与消费者实际买到的商品有很大差异，导致消费者上当受骗，从而损害消费者利益。其次，商品质量和服务无保障。网络产品质量和服务普遍不如实体经济，这是有目共睹的事实。在网络交易中，假冒伪劣、交货不准时、样品与实际销售产品不一致、无优质的售后服务、强迫消费者或搭车要求消费者给予高评，否则大肆骚扰消费者等问题非常突出，有些人为了一己利益不断突破社会道德和法律的底线，危害他人和社会利益。所以，在市场经济条件下，要防止为了追求企业私利而践踏道德和法律，严重损害劳动者利益的现象发生，正确引导企业利益追求，切实维护普通劳动者基本利益。

我国经济体制改革的目标就是要建立和完善社会主义市场经济体制。改革开放近四十年来，我国不断地加强社会主义市场经济体制建设，经济社会发展取得了历史性的飞跃，市场不断放开、市场不断活跃、市场不断丰富，市场经济的魅力展现得淋漓尽致。但是，在市场经济发展过程中也显现出很多问题，企业重复建设导致有限资源的大量浪费、弱肉强食导致社会财富严重分配不公、追求一己私利导致违法犯罪现象不断发生，很多领域中道德不断滑坡，这一系列问题的产生都与市场自由放任休戚相关。所以，自由放任的市场经济将导致人与自然之间、人与人之间、人与社会之间都存在着众多冲突，严重影响社会和谐。所以，当前我国市场经济发展的过程中还存在诸多问题，市场经济的发展还有赖于法律、政策、道德等方面的调控。在自由资本主义时期，政府对经济干预少。但从 1929 年资本主义经济大危机以后，资产阶级开始认识到政府干预市场经济的必要性和重要性，资本主义国家对市场经济的干预越来越普遍，作用也不断显现。我国社会主义经济经历了从计划经济到市场经济的转轨。计划经济时代，政府完全控制经济，企业没有生产经营自主权，没有市场自由竞争，不利于调动人们生产积极性，滋长平均主义、大锅饭，滋生市场垄断。改革开放后，我国不断放开市场，激发了经济活力，促进了社会生产力发展，与此同时，市场自由竞争的弊端也不断显现出来，根据自由资本主义发展的教训，我们也应该加强政府对企业的有效干预，要求政府从政策、法律、道德等层面入手，规范市场秩序、完善市场法规、提升市场道德，从而引导市场有序运行，推动中国经济社会飞速发展，并让全体中国人民共享经济社会发展的成果，让生活在我们伟大祖国和新时代的中国人民共同享有人生出彩的机会，共同享有梦想成真的机会，共同享有同祖国和时代一起成长和进步的机会。

参考文献

[1] 西斯蒙第．政治经济学新原理［M］．何钦，译．北京：商务印书馆，2016.

[2] 西斯蒙第．政治经济学研究（第一卷）［M］．胡尧步，李直，李玉民，译．北京：商务印书馆，1989.

[3] 西斯蒙第．政治经济学研究（第二卷）［M］．胡尧步，李直，李玉民，译．北京：商务印书馆，1989.

[4] 哈耶克．科学的反革命［M］．冯克利，译．南京：译林出版社，2003.

[5] 汉金斯．科学与启蒙运动［M］．任定成，张爱珍，译．上海：复旦大学出版社，2000.

[6] 怀特海．科学与近代世界［M］．何钦，译．北京：商务印书馆，1997.

[7] 李醒民．科学的文化意蕴［M］．北京：高等教育出版社，2007.

[8] 萨顿．科学的历史研究［M］．陈恒六等，译．上海：上海交通大学出版社，2007.

[9] 斯特龙伯格．西方现代思想史［M］．刘北成，赵国新，译．北京：中央编译出版社，2005.

[10] 斯通普夫．西方哲学史［M］．北京：中华书局，2005.

[11] 尚杰．西方哲学史——启蒙时代的法国哲学［M］．南京：江苏人民出版社，2005.

[12] 魏因伯格．科学、信仰与政治［M］．张新樟，译．北京：生活·读书·新知三联书店，2008.

[13] 曾欢．西方科学主义思潮的历史轨迹——以科学统一为研究视角［M］．北京：世界知识出版社，2009.

[14] 史蒂文，夏平．科学革命：批判性的综合［M］．徐国强，袁江洋，孙小淳，译．上海：上海科技教育出版社，2004.

[15] 杨寿堪．20 世纪西方哲学：科学主义与人本主义［M］．北京：北京师范大学出版社，2003.

[16] 芭芭拉·亚当，乌尔里希·贝克，约斯特·房龙. 风险社会及其超越：社会学理论的关键议题 [M]. 赵延东，译. 北京：北京出版社，2005.

[17] 陈荣耀. 企业伦理 [M]. 上海：华东师范大学出版社，2001.

[18] 陈佳贵，黄群慧，彭华岗，等. 中国企业社会责任研究报告（2010）[M]. 北京：社会科学文献出版社，2010.

[19] 约翰·弗雷德里克，琳达·弗雷尔. 商业伦理——伦理决策与案例 [M]. 陈阳群，译. 北京：清华大学出版社，2005.

[20] 宫志刚. 社会转型与社会重建 [M]. 北京：中国人民公安大学出版社，2006.

[21] 理查德·乔智. 经济伦理学 [M]. 北京：北京大学出版社，2002.

[22] 夏绪梅. 企业伦理学——转型经济条件下的企业伦理问题研究 [M]. 北京：科学出版社，2008.

[23] 李立清，李燕凌. 企业社会责任研究 [M]. 北京：人民出版社，2005.

[24] 李金轩，赵书华，娄梅. 企业伦理与道德 [M]. 北京：高等教育出版社，2008.

[25] 宋伟. 社会转型时期中小企业伦理建设研究 [M]. 北京：清华大学出版社，2014.

[26] 陆晓禾. 经济伦理学研究 [M]. 上海：上海社会科学院出版社，2009.

[27] 梁文潮. 中小企业永续经营之道 [M]. 武汉：武汉大学出版社，2008.

[28] 朱富强. 人本主义经济学先驱西斯蒙第的经济思想评述 [J]. 云南财经大学学报，2009（05）.

[29] 李故新. 西斯蒙第对良好道德的追求与我国企业营销伦理构建 [J]. 湖湘论坛，2016（03）.

[30] 陈雷. 浙江省中小企业伦理道德状况调查报告 [J]. 浙江社会科学，2008（1）.

[31] 陈爱清. 中小企业伦理道德体系建设 [J]. 管理世界，2009（12）.

[32] 顾文涛，韩玉启，郭百钢. 企业伦理能力的多层次灰色评价模型 [J]. 统计与决策，2005（6）.

[33] 龚天平. 企业伦理学：国外的历史发展与主要问题 [J]. 国外

社会科学，2006（1）.

［34］龚天平. 企业伦理：社会的普遍约束与企业的内在构成［J］. 哲学动态，2006（4）.

［35］龚天平. 论企业伦理的模式、类型与内容［J］. 中南财经政法大学学报，2007（5）.

［36］龚天平. 伦理管理：当代企业伦理的践行机制［J］. 上海财经大学学报，2010（8）.

［37］亚当·斯密. 国民财富的性质和原因的研究（下卷）［M］. 郭大力，王亚南，译. 北京：商务印书馆，1974.

［38］亚当·斯密. 道德情操论［M］. 蒋自强，钦北愚，朱钟棣，沈凯璋，译. 北京：商务印书馆，2014.

［39］萨伊. 政治经济学概论［M］. 陈福生，陈振骅，译. 北京：商务印书馆，1982.

［40］卢梭. 爱弥儿［M］. 李平沤，译. 北京：商务印书馆，1996.

［41］十八大以来重要文献选编（上）［Z］. 北京：中央文献出版社，2014.

［42］徐大建. 社会主义市场经济的财富分配原则［J］. 伦理学研究，2015（3）：9.